....

Und darum laufe!

3

Konrad Gruen

Impressum

Bibliografische Information der Deutschen Nationalbibliothek: Die Deutsche Nationalbibliothek verzeichnet diese Publikation in der Deutschen Nationalbibliografie; detaillierte bibliografische Daten sind im Internet über *http://dnb.dnb.de* abrufbar.

© Copyright: *2023 Konrad Gruen*
Umschlaggestaltung, Illustration, Satz:
www.weisser-raum.de
Gesetzt aus der Calluna und der Calluna Sans
exljbris Font Foundry

Herstellung und Verlag:
BoD – Books on Demand, Norderstedt
ISBN: 978-3-7578-0189-2

www.darumlaufe.net

Inhalt

2. Orientierung und Betrachtung

3. Identität und Essenz

Vorwort

Dieses Buch zeigt auf seinem Einband eine Abbildung von rauschendem Wasser. Ich habe Gefallen an dieser Abbildung gefunden, weil mich in dem Zeitraum, in dem ich an diesem Buch arbeitete, eine ungewöhnliche Trockenheit auf alles aufmerksam werden ließ, was mit dem Wasser zu verbinden war. Die lang andauernde Trockenheit empfand ich als leidvoll. Leidvoll für Pflanzen, Tiere und Menschen. In dem, was mich umgab, fand ich das Wasser, weil seine Rückkehr so sehr ersehnt war. Ich wollte mit diesem Buch das Wasser würdigen. Auch, denn ausgehend von dem Fließenden, entwickelten sich weiterführende Gedanken. Das Wasser, dessen Verfügbarkeit ich bis dahin für selbstverständlich nahm, war zu würdigen. Mir scheint, etwas ist aus der Harmonie gelangt. Vielleicht kann meine Würdigung in Form dieses Buches einen kleinen Beitrag dazu leisten, dass sich etwas einer Harmonie wieder zuneigt. Denn die Harmonie erachte ich als den natürlichen Zustand des Seins. Doch vielleicht ist auch das nur Ausdruck eines Sehnens.

Konrad Gruen
Januar 2023

1. Laufendes und Fliessendes

Schweben

Nah dem Wasser des Baches, eine Schar von Insekten sich hin und her bewegt. Ein Tanz, von den Sonnenstrahlen des Abends beschienen, von der Musik des plätschernden Baches untermalt. Ihr Schweben fesselt mich. Die Insekten wahren ihre Höhe. Sie wahren den Abstand zu- und voneinander. Auch die Form ihres Schwarmes ist gewahrt. *In diesem Schweben zu verharren, ist der Hinweis, den ich erhalte.* In diesem Schweben zu entspannen, ohne Angst, Plan oder Sorge. Ich erahne, dass dem Bach zudem das Schweben von Bedeutung ist. Dem Wasser auch, welches in den Strom fließt. Dem Strom, der sich in dem Ozean verliert, das Schweben von Bedeutung ist. Dem Ozean, das Schweben von Bedeutung ist. Ohne das, dem Ozean etwas fehlen würde. Eine Facette, die er benötigt, um vollkommen zu sein.

Und darum laufe!

Eine Geste

Eine Geste meiner Hand teilt das fließende Wasser des Baches, als wäre ein Schnitt vollzogen. Eilig, behänd hindurchgeführt. Und nun dieser Schnitt hinabströmt, dem Lauf des Baches folgend. *Was war, ist schon nicht mehr.* Aus meiner Vorstellung gleitet dieser Schnitt heraus und darin kein Innehalten: *weiter, immer weiter!* Was bleibt, ist das Gefühl von dieser Geste in meiner Hand, die nun gerade sich löst aus der Haltung, die dieses Trennende vollzog. Was bleibt, ist das Gefühl der Kühle, das Nass an den Fingern, das unbedacht Schüttelnde, um in Tropfen abzuwerfen. Was bleibt, ist der taumelnde Blick in das rauschende Licht, vom Wasser gebrochen.

Und darum laufe!

Ein Torus

Eiweiße, vielleicht Verunreinigungen im Wasser, die aufschäumen, dort, wo das Wasser rauscht, wo es über Barrieren stürzt, spritzt und brodelt. Aus diesem Schaum, der von einem querliegenden Ast geschlagen ist, bildet sich in einem beruhigten Seitenbecken des Baches ein Ring aus Schaum. Ein Torus, einem Rettungsring in Form und Größe gleich in steter ruhiger Kreisbewegung. Er schäumt von seinem äußeren Rand auf, um nach innen hin ebenso ebenmäßig abzuschäumen. Ein Ring aus Schaum. Eine Form, die mich völlig unerwartet trifft. Das Runde bildet sich über die Bewegung und die Kollision mit der geraden Kante, die der Ast hier bietet. Aus DEM GRADEN entspringt DAS RUNDE. Ein wundersamer Torus so eigenartig fremd in dieser Umgebung und es erscheint mir ganz klar: *Kein Gegensatz, keine Opposition, keine Dualität, die nicht zugleich eine Einheit wäre.*

Und darum laufe!

Wasseramsel

Ein seltener Vogel auf einem Stein im Bach. Nur weil ich auf halber Strecke ausruhe, fällt mir dieser Vogel auf. Ich war zu müde für die lange Strecke, habe zu lange schon nicht mehr den Weg hierher gefunden, war müde überhaupt. Der weiße Fleck auf der Brust des Vogels leuchtet weit zu mir herüber, so wie die den Stein umfließende Gischt des frischen Wassers. Sein dunkles Federkleid, grau und braun, fast schwarz. Ich verstehe, dass es genau angepasst ist an die Farbe der ihn umgebenden Steine. Angepasst an die Schatten, die die Steine in das Wasser werfen, an die Tiefen, die sich im Dunkel verlieren. Dies ist sein Lebensraum, ganz nah und in dem Wasser. Nie zuvor sah ich diesen Vogel. Auf Abbildungen vielleicht. Doch so nah, wie die Abbildungen ihn zeigen, kann ich ihm nicht kommen. Zu aufmerksam, zu scheu ist er, sodass er auffliegt und knapp über dem Wasser, schnell dem Bachlauf folgend, flüchtet. Ich weiß, dass er unter Wasser nach seiner Nahrung sucht. Auch dass er singt, dass sein Federkleid so dicht ist, dass es ihm ein Tauchen ermöglicht. Was ich erfahre in dem Moment des Ausruhens ist, dass dieser Ort, den ich gut kenne, ganz eigenartig neu belebt ist für mich durch diese Begegnung mit diesem Tier. Als würde der Ort einen Seelenanteil offenbaren, der mir zuvor verborgen war. Die Fähigkeiten und Eigenschaften dieses Vogels sind mir nun mit diesem klar strömenden Abschnitt des Baches verbunden. Und ich sehe vor meinem inneren Auge diesen Vogel unter der Wasseroberfläche mit seinen kräftigen Krallen auf dem Gestein umherwandern und nach Nahrung suchen. EIN DEM-WASSER-ZUGENEIGTER, EIN WANDERER, EIN SÄNGER, EIN SICH-VERBERGENDER, EIN SCHNELL-DAVONEILENDER.

Und darum laufe!

Die Spiegelung

Als würde ich einem Tiere gleich aus einer Pfütze trinken wollen, neige ich mich hinab und blicke in die Spiegelung der Sonne, die sich an der Oberfläche des Wassers dort bildet, wo Blätter, Samenkapseln und Stängel die Wasseroberfläche durchbrechen. Die Sonne spiegelt sich in dutzenden, funkelnden Lichtpunkten hier und dort verteilt auf diesem Abschnitt dieser Pfütze. *Und ich tauche ein in dieses Sternen-*

meer aus Licht und Reflektion. Ich nähere mich weiter an und entspanne meine Augen, sodass ich parallel blicke und lasse alles, was vor mir liegt ineinander verschwimmen. Meine Augen, oder vieleicht auch nur eines, beschenkt mich nun inmitten der weichen, samtenen Unschärfe mit einem Bild des einen, von diesem Auge fixierten Lichtpunktes. Dieser Lichtpunkt ist wie entfärbt und dabei vollkommen scharf. Und ich erstaune. Ich benötige eine Weile, um zu verstehen, was ich hier sehe. Der von mir fixierte Punkt ist so nah, dass ich ihn eigentlich nicht scharf sehen kann. Ich sehe durch ihn hindurch in die Weite des Raumes, aus dem sein Licht zu mir dringt. Ich sehe vor mir einen Kreis, in dem sich runde Formationen vereinen, sich wieder aufteilen, umherschwimmen. Dann um den Kreis herum ein Kranz von herausreichenden Strahlen. Ein flammender Kranz. *Es muss die Sonne sein, deren Bild ich hier sehe,* denke ich. Die Sonnenflecken in ihrer Aktivität, die Sonnenwinde die in den Weltraum hinausschießen, ihre Corona, alles ganz deutlich und scharf. In steter Bewegung, so weit weg und doch so deutlich. Ich habe technische Bilder hiervon gesehen und erkenne alles wieder. Der direkte Blick in das Licht der Sonne hinein hätte meine Augen geschädigt. Es ist die Brechung des Lichtes in der Oberfläche der Pfütze, die mein Auge schützt. Hier in diesem indirekten Blick kann ich genießen, ohne Mühe sehen. Dass ich die Sonne sehe, ihr so nah bin wie nie zuvor, ergreift mich. Ich empfinde Ehrfurcht. Es ist, als sei dieser Blick verboten. Als würde ich etwas sehen, dass doch verborgen sein muss. Lang bin ich umhergelaufen, bevor ich diese Entdeckung machen konnte. Immer schon lag dieses Geheimnis vor mir. *Ich habe nur nicht hingesehen!* Und ich erkenne, dass Menschen zu allen Zeiten genau dieses Bild der Sonne sehen konnten. Ich erkenne, dass ich keine Ahnung habe von dem Wissen der Menschen, die vor mir waren. Dem Wasser nah zu kommen, offenbart mir diese Erkenntnis.

Und darum laufe!

Der Strom

Ich folge dem Lauf des Wassers und versuche in genau der Geschwindigkeit zu laufen, in der sich der Bach dem Strom annähert. Auf dem schmalen Pfad an dem Bach, von den perlenden Nesseln gespornt und auch erheitert. Nach einer Weile stehe ich am Ufer des Stromes. Es ist heller als im Wald. Das Licht hatte sich in der Ferne angekündigt und nun umschließt mich die blaue Farbe des Himmels, sodass ich tief atme und mich ausruhe. Ich sitze an dem Ufer und blicke auf den Strom vor mir. Er ist so breit, dass mein Blick von dem Wasser umschlossen wird. Sodass ich den steten, in leichten Wellen und Körpern sich bewegenden Wassermassen zusehe, ohne ihnen mit dem Blick zu folgen. *Eine Formation im Wasser, ein Gebilde, eine Gestalt.* Eben ist sie erkannt, schon ist sie aus meinem Sichtfeld geflossen. Ein Folgen ist nicht möglich. Es ist sanft und ich lasse es nach kurzem Widerstand gewähren: DAS STRÖMEN. Es strömt durch mich hindurch und es ist stet, seine Kraft ist schier unermesslich. Ich empfinde Respekt und lass es sein: *Ich betrachte den Strom, alles fließt vorbei, ich halte nichts fest.* Worte in meinem Kopf, die sich wiederholen, sich aneinanderreihen und in mir tauchen Bilder auf. Menschen, Gefühle. In der Tiefe des Stromes und auch an seiner Oberfläche. Alles kann atmen, nirgends eine Not. Kein Ringen um Luft. Es zeigen sich Gesichter. Alte, vertraute, ungesehen vertraute. Gesichter der Zukunft, der Gegenwart. VERFLOSSENE. Ihr Lächeln mich rührt, darin ihr Wohlwollen. Aus dem Mysterium heraus ist nichts erklärt. Es selbst ist nicht erklärt. Das Mysterium bedarf keiner Erklärung, doch in ihm offenbart sich mir DAS RICHTIGE und ich kann DEM RICHTIGEN folgen. Nichts ist als Hinweis, nichts ist als Rat zu verstehen, doch in dem Wohlwollen der mich anlächelnden Erscheinungen spiegelt sich auch mein Wohlwollen, mein Sehnen nach dem mich umfassenden Frieden. Ich trauere, denn ich fühle nicht dankbar gewesen zu sein. Ich trauere, denn ich fühle nicht still gewesen zu sein. Ich trauere, denn ich fühle nicht liebevoll gewesen zu sein.

Und darum laufe!

Trinken

Wie also trinken beim Laufen, um dem Körper die Flüssigkeit zuzuführen, die er dann in Energie wandelt? Nach einer Weile fehlt mir das Wasser, es sind ungefähr vier Kilometer, bis ich durstig werde und weitere vier Kilometer, die ich gut laufen kann, ohne zu trinken. Ich zehre dann von meinen Reserven und fülle sie später wieder auf. Doch alles, was an Distanzen darüber liegt, erschöpft mich zu tief, wenn ich kein Wasser zuführe. Und so trinke ich aus einer Flasche auf meinem Weg. Ich versuche meinen Rhythmus nicht zu verlieren. *Wasser, Wasser!* Und ich brauche einige Läufe, um zu verstehen, wie es gehen kann: *Im Moment des Einsaugens der Flüssigkeit in meinen Mund, ziehe ich die frische Luft durch die Nase in meine Lungen.* Das ist das Besondere, welches zu lernen ist. Saugen und Ziehen zugleich. *Ich trinke noch nicht, es ist nur ein Einziehen aus dem Wasserschlauch in den Mundraum und ein Einziehen der Luft aus den feucht nebligen Wipfeln in meine Lungen hinein. Daraufhin dosiere ich die im Mundraum sich langsam anwärmende Flüssigkeit in den Schluck, der dann folgt.* Es kann einige Schritte dauern, bis ich beginne zu schlucken. *Es ist also ein* IN-DEN-MUND-SAUGEN *zuerst und dann ein* AUS-DEM-MUND-SCHLUCKEN. *Ein leichter Wangendruck unterstützt das Schlucken, denn es ist völlig anders, als ein normales Schlucken in ruhenden Momenten.* So also kann es gehen.

Und darum laufe!

Dunst

Dort, wo die Luft weiß wird, wo die Feuchtigkeit in den Bäumen hängt, der Bach am Morgen über seine Ufer steigt, die Wege aufweicht, ziehe ich den Dunst in meine Lunge und ernähre mich von der Energie, die mich umgibt. Ich esse die Feuchtigkeit, das umherschwebende Wasser, Tropfen und Tröpfchen, die ich bei genauem Hinsehen erkenne. Ich esse den Dunst, kaue mich hindurch, verschlinge diesen Teil der WOHLWOLLENDEN KRAFT. Ja, sie ist wohlwollend und lächelnd, groß und gewährend. Sie ist erfreut darüber, dass ich von dieser Anspannung loslasse, mit der ich am Morgen aufwache, zu der ich am Abend mich ins Bett lege. Die Anspannung, der ich zuerst kauend begegne, um dann weicher und weicher zu werden. Sie, die GROSSE WOHLWOLLENDE KRAFT, ist erfreut darüber, dass ich meine Lunge weiß werden lasse, so weiß wie die gesättigte Luft, von der Morgensonne beschienen. Sie ist erfreut darüber, dass ich eine jede Zelle in mir weiß werden lasse, aus der Zelle Kern heraus. So, wie es ein Kauen zuerst, ist es mit fortschreitender Dauer ein FLIESSEN-LASSEN, ein GEWÄHREN-LASSEN, ein SICH-ÖFFNEN, ein SICH-VERGRÖSSERN. Und ich selbst werde wohlwollend in dieser Vergrößerung, um zu erinnern, wie verkleinert ich war. Wie selbst ich mich verkleinerte in dieser Rast. Der Rast, die ich Meinen Tag nenne.

Und darum laufe!

Feuchtigkeit

Fünfundzwanzig Grad, vielleicht auch mehr. Ich bin zu weit gelaufen. Ich bin durstig. Salzkristalle auf meinen Lippen und Schweiß auf meiner Stirn. Aus dem trockenen, warmen Hochwald gelange ich hinab in das Tal des Baches. Ich tauche in die kühle, feuchte Luft ein. Nah dem Bach atme ich die Kühle und nehme ihre Feuchtigkeit in mich auf, um meinen Durst zu stillen. Das Wasser der Luft lasse ich in mich eindringen. Mit jedem Atemzug durch die Nase sammele ich die Feuchtigkeit in meinem geschlossenen Mund. *Wassertropfen perlen an den Innenseiten meiner Wangen hinab.* Ein stetes Perlen und Rieseln, ein Rinnsal, das mich anfüllt, mich flutet. Ich trinke und stille meinen Durst. *Das,* so denke ich, *müsste doch auch dort oben in dem Hochwald möglich sein.*

Und darum laufe!

Hingabe

Am Bach entlang, ich laufe der Quelle entgegen. Bergauf, Schritt um Schritt. Die Kühle des Baches steigt an mir empor. Das Wasser strömt mir entgegen und darin eingebettet all die Vorstellungen, die ich in mir zusammenziehe. Ich ziehe an den seidenen Fäden meiner Wahrnehmung, wie eine in dem Zentrum ihres Netzes sitzende Spinne. Ich ziehe Vorstellungen von Menschen herbei und bette sie in den Strom des Wassers und lasse sie später davonziehen. Es sind Vorstellungen von Menschen, die mir einmal begegneten. Dann Vorstellungen von Menschen, von denen mir erzählt wurde. Und schließlich Vorstellungen von Menschen, von denen ich einmal gelesen habe. Der Anstoß, der die Vorstellungstätigkeit in mir anregt, ist ihre Kraft. Die Kraft, die mich irgendwann einmal beeindruckte, die mir Halt war und Richtschnur. Es sind Menschen, die wirken konnten, die WIRKLICH wurden. Menschen, die gesehen wurden, von denen Berichte existieren. Und ihre Individualität löst sich in meiner Vorstellung mehr und mehr auf, um den Raum freizugeben für etwas ZUGRUNDE-LIEGENDES. Mehr und mehr tritt DAS WESENTLICHE hervor. Es tritt die Kraft hervor, die durch sie wirkte, die sie wirklich werden ließ. Und dies, so wird mir deutlich, ist DAS EINE, welches all diese Menschen miteinander verbindet: *Sich selbst einmal hingegeben zu haben, dem durch sie wirkenden Strom der Energie.* Und hier tritt mir diese Kraft entgegen, in dem unendlich wirkenden Prinzip des Stromes. In dem strömenden Wasser. Dem Wasser, das strömte, bevor ich das erste Mal an diesen Ort gelangte, das strömen wird, nachdem ich diesen Ort verlassen haben werde.

Und darum laufe!

Eine Welle

Eine Welle, die mich verfolgt. Wie heranstürmende weiße Pferde und ich laufe kurz vor ihnen. Weiße Pferde, einer Brandungswelle gleich, die über mir zusammenzustürzen droht. Die Geschwindigkeit so hochzuhalten, dass ich vor ihr bleibe, ist meine Aufgabe. *Ich laufe also schnell.* So schnell, dass ich die Gedanken nicht denken muss, deren Kraft sich in dem Bild der heranstürmenden weißen Pferde ausdrückt. Ich bin vor den Gedanken und erschöpfe mich. Und ich erschöpfe auch die Gedanken. Langsam zu werden, bedroht mich nun nicht mehr. Und tatsächlich: *Alles ist gut! Für den Moment.*

Und darum laufe!

Ein Meer

Der staubige, ausgetrocknete Waldboden. Der lang erwartete Regen setzt ein. Eine Fläche und darin Flecken. Mal hier mal dort, regelmäßig und doch wie zufällig verteilt. So, als wäre ihre Position berechnet. Aufscheinend und dann verblassend. Die im Boden gespeicherte Wärme der letzten Wochen lässt die Wasserflecken rasch verdunsten. Ruhig, lebendig und stet ziehen sie über mein Gesichtsfeld hinweg. Ich schaue unter meinen geschlossenen Augenlidern in die Ferne und sehe fern und nah zugleich. Sehe den einen Punkt und zugleich die Vielzahl an Punkten. Wasserflecken, die zu-einanderfinden. Wasserflecken, die den Boden, der in mei-nem Sichtfeld liegt, ausfüllen. Alles wogt und flimmert. Ein Meer an Schattenflecken, kühlend und frisch.

```
void setup() {
size (800,800);
background (#796B4C);
noStroke ();
}
void draw () {

fill (#796B4C, 6);
rect (0, 0, width, height);
{
fill (#010105);
ellipse (random(width), random(height), 4, 4);
}
}
```

Und darum laufe!

Herbst

Das Rauschen des Regens lässt mich in der Nacht erwachen. Am Morgen hat der Regen Blätter auf die Wege gespült. Hier und dort, so scheint es mir, hat er die Farbe aus den noch hängenden Blättern herausgewaschen. Ein vertrautes Gelb tritt hervor. Nasse, zufriedene Bäume auf meinem Weg. Ich laufe durch den Morgennebel und Geborgenheit umfasst mich. Geborgenheit, wo ich zuvor in dem abnehmenden Licht des späten Sommers von Sorge und Furcht erfüllt war. Furcht vor der Dunkelheit, vor dem DUNKEL-AN-SICH, vor der Zurückgezogenheit. Und es wiederholt sich in jedem Jahr, ohne dass ich den Gefühlen entgehen könnte. So sehr ich, so häufig ich auch den Wechsel von Furcht und Geborgenheit erfahren habe. Es ist ganz gleich, es wiederholt sich. *Es wiederholt sich in mir.*

Und darum laufe!

Gedankenhaushalt

Ich sage: *So wesentlich das Wasser sein mag und deshalb der Begriff* WASSERHAUSHALT *des Laufenden existiert, so ist der Zustand seines Denkens wesentlich, so sind seine Gedanken wesentlich.* Ich erschaffe den Begriff GEDANKENHAUSHALT des Laufenden. Ich habe auf meinem Weg stets die Möglichkeit zur Umkehr und kehre ich vorzeitig zurück, so ist es immer ein Zugeständnis an die mich zurückrufenden Gedanken. Das Versäumnis, welches sich genau jetzt in Erinnerung ruft, die Aufgabe, die Verpflichtung. Dieser rufende Gedanke wirkt in mir ganz sicher direkter als ein Mangel an Wasser. Tritt der rufende Gedanke ein, sind meine Beine weich und ohne Kraft. Ich atme schlecht, mein Fundament ist wie zerschlagen und der Tempel stürzt ein: *Nur noch heraus aus diesem Urwald!* Den Mangel an Wasser nehme ich anders wahr. Langsam wird mir seine Wirkung bewusst. Zuerst wird der Mund trocken. Dann tritt die Reue ein. *Wäre ich doch nur besser vorbereitet in diesen Lauf gegangen.* Dann werde ich langsam. Die Schritte werden schwer. Doch ich laufe weiter. Ich kann mich auszehren. Ich kann das Wasser aus meinen Reserven saugen und den Mangel später ausgleichen.

Und darum laufe!

Tropfen

Bedenke: *Kein Blatt gleicht dem anderen.* Und ich verstehe, dass es sich auch mit einem Wassertropfen so verhalten muss. Regentropfen, ein Sommerregen, Gewitter, ein Regenguss: *Kein Tropfen gleicht dem anderen.*

Und darum laufe!

Natur

Die Dürre geht über das Land, Bäume sterben, versengte Erde. Ich trauere. Endlich kehrt der Regen zurück und ich atme auf. Der feste, aufgerissene Boden wird wieder weich und all die Samen im Staub sprießen, als stünde ein Sommer erst noch bevor. Und es regnet stet und kühl. Tropfen auf meiner Nase. Schirmende Bäume und ein vorsichtig anschwellender Bach. Und der Regen zu mir spricht: *Nicht die Natur betrauerst du. Eher ist es die Kultur der Naturbetrachtung, die du einmal lieb gewonnen hast und nun glaubst der Dürre opfern zu müssen. Doch die Dürre ruft dich auf, beweglich zu werden, dich zu verändern. Zu laufen, weiter und weiter. Wandel, Wachstum, Evolution. Was bist Du selbst, wenn nicht Natur? Welchem Gesetz bist du unterworfen, wenn nicht dem universellen, dem allgemeingültigen, dem, welchem die Bäume folgen in ihrem Sturz?*

Und darum laufe!

Das Werden

Dein Herz, ein klarer See, dessen Tiefe dich ruft, die Weisheit heraufzuholen.

Dein Herz, ein glänzender Tropfen, dessen Feuchte deine Hand berührt, die zu umarmen du gekommen bist.

Dein Herz, ein Partikel im Dunst, der die Form dir einflüstert, die zu atmen du gekommen bist.

Und darum laufe!

Umfließen

Und das Weiche umfließt den Stein, und das Fließende höhlt den Stein, das Wasser umschmeichelt den Stein, und das Charmante erreicht den Stein, und das Herz erweicht den Stein, und das Weiche bricht den Stein, und der Hammer zerschlägt den Stein, und die Mühle zermahlt den Stein, und Sand wird aus dem Stein, und in der Hand zerrinnt der Stein, und die Liebe ersehnt den Stein, und der Druck erzeugt den Stein, und der Sand, er wird zu Stein, und die Liebe gebiert den Stein, und die Liebe liebt den Stein, und das Weiche umfließt den Stein.

Und darum laufe!

Gewährt

Jenseits des Waldes noch hinter dem Park, der an den Wald grenzt, befindet sich eine gepflasterte Fläche. Ein Platz, auf dem zu bestimmten Zeiten Waren in Marktständen angeboten werden. Dort, wo das Wasser über die Jahre sich auf den Steinen hat sammeln können, ist das Pflaster ein wenig abgesunken und eine kreisrunde Pfütze steht dort spiegelnd und schwarz. Es hat in der Nacht geregnet und die Pfütze ist so schwarz, als wäre unter ihrer Oberfläche ein tiefes Gewässer. Ein Kind mit einem Fahrrad steuert auf die Pfütze zu. Und der Radius des engsten Kreises, den dieser vielleicht fünf-jährige Junge fahren kann, ohne einen Fuß abzusetzen, ist ein wenig kleiner als der Radius der Pfütze. Er ist souverän, sicher und er fährt Kreis um Kreis. Dann verlässt er die Pfütze und zeichnet mit den nassen Reifen größere Kreise um die Pfütze herum. Und es entstehen Ellipsen und Überlagerungen von Ellipsen. Ein Gewirr aus Linien, die bald wieder verblassen, deren Feuchtigkeit verdunstet. Seine Eltern lassen den Jungen gewähren und ich verstehe, was auch mir gewährt wurde, dass es mich solcherart berührt, diesem Spiel zuzusehen.

Und darum laufe!

Niederlage

Der Wert einer Niederlage. Ich empfinde ihren Wert ganz deutlich, immer wieder. Vielleicht liegt ihr Wert über dem Wert eines in diesem Moment möglichen Sieges. Die Niederlage führt zurück, holt mich zurück von den Sternen auf die Erde. In die Tiefen eines klaren Gewässers, still und dunkel, kühl und ruhig. Aus dem Rauschen des Baches, aus dem Rausch selbst wird ein nüchterner Zustand und still wird der Mensch. Zu einem Betrachtenden, einem Erkennenden werde ich. Alles ist mir sichtbar. Die Täuschung ist vorbei. Mich selbst erkenne ich nun ganz deutlich und ich erfähre mich neu in dieser tiefen Enttäuschung. Ich sehe die Wahrheit am Grund dieses Gewässers. Und ich sehe noch mehr: *Dort also steht der Sieger. Wie zeigt er sich? Welcher Art ist sein Jubel? Gehemmt oder extatisch? Von welcher Last scheint er in diesem Moment befreit? Was hat ihn hier herauf getrieben, was trieb ihn, der Beste zu sein?* Abgründe werfen ihre Schatten in das Gesicht des aus sich selbst heraus leuchtenden Helden. Dass es so viele Verlierer gibt auf dem Weg der Ermittlung DIESES EINEN, DES STRAHLENDEN, DES ERHABENEN, es ist der eigentliche Wert dieser Wettkämpfe. All die, die es nicht wurden, sind von der Last der Täuschung befreit. *Das ist ein gutes Gefühl, frei zu sein.*

Und darum laufe!

Neuanfang

Betört von dem Rauschen des Wasserfalles, welches in mir nachklingt, folge ich dem Lauf des Baches. Und hier ist es das Plätschern, sich sammelnd, ein Rinnsal geradezu. Und ich erahne: *Nach dem Fall ist dort ein Neuanfang und beides ist Teil* EIN-UND-DERSELBEN SACHE.

Und darum laufe!

2. Orientierung und Betrachtung

Spiel

Ein umgestürzter Baum, ein Riese von vielleicht 200 Jahren, der sich nun in seiner Würde über meinen Weg legt. Im Liegen noch ist dort, und gerade im niedergelegten Zustand, ist dort ein Gefühl von einer Erhabenheit in mir im Schauen angeregt. *Größe, Zeit, das Überdauern.* Was alles berührte diesen Baum? Welch eine Menge an Tieren sah diesen Baum.? Nistete, lebte? Ich erahne Dimensionen, die über mich hinausreichen. *Ich spreche aus für die Bäume!* Hier und jetzt. Sie zu respektieren bin ich gekommen. Den Respekt einzufordern, bin ich gekommen. Dieser Baum stand an dieser Stelle, bevor es überhaupt einen Weg gab, der an ihm vorbeiführte. Bevor Pfade zu einem Weg zusammenfanden. Der Weg führte an diesem Baum vorbei, um ihn zu einem Baum des Wegesrandes zu machen. Der Baum nun legt sich zum Sterben über den Weg und wir Passierende weichen aus. Ihn zu übersteigen gelingt uns nicht. Er ist zu groß, der Stamm ist zu mächtig. Hindurch durch die von seinen Wurzeln hochgeworfene Erde werden wir weich und mäandern um ihn herum. Der Weg, zuvor gerade wie an der

Schnur gezogen, ist nun gewandelt, geschwungen. Ich denke: *Dies zu erhalten, es würde mir das Gefühl der Ehrfurcht, die ich an dem liegenden Riesen empfinde, erhalten.* Die Erhabenheit wäre für den empfindenden Menschen bewahrt, über Jahre vielleicht bis aus dem Stamm Humus geworden, Pilze, Farne, andere Bäume aus ihm herausgewachsen sind. Und vielleicht wäre der leichte Bogen dieses Weges ein Zeugnis seiner Anwesenheit über einen noch viel größeren Zeitraum hinaus, auch wenn von ihm, von seinem Stamm nichts mehr sichtbar wäre. Keine Erhebung, kein NICHTS. Am nächsten Tag kehre ich zurück. Zersägt und aus dem Weg geräumt, achtlos den Hang hinabgestoßen. Die Abschnitte des Stammes, von Größe keine Spur. Es bleibt der Anblick eines aus dem Weg geräumten Hindernisses, mehr nicht. Der gerade Weg ist wieder hergestellt. *Wie eigenartig,* denke ich, *der Weg der Erholung, wozu er ja an diesem Ort dient, er würde doch Raum haben für ein Ausweichen, ein Umfließen, ein Innehalten, ein Spiel!*

Und darum laufe!

Ziel

Ein Umkehrpunkt, den ich vergesse, an dem ich einfach weiterlaufe, er ist wie ein Ziel, welches ich erreiche, ohne es zu bemerken. Und ich übertrage diesen Moment auf alles andere. Ich wollte irgendwo innehalten, mir nicht noch mehr zumuten. Und doch bin ich einfach vorbeigeströmt. Das Feiern, das Innehalten, denn etwas lang Ersehntes ist erreicht, es steht dem Strömen gegenüber. Denn, es ist ganz gleich, was war, was sein wird. Wie erschöpft ich auch bin. Wie der Ort aussehen mag. Das zu erleben, es ist schon viel. Würdig, wertvoll mag ein Mensch sich fühlen: *Ein Moment. Eine Regenbogenforelle in dem rauschenden Bach. Ihr Schatten dort unten im Wasser.* Ich beobachte sie und es beruhigt mich zu sehen, dass sie nicht abtreibt. Sie braucht das Strömen des Wassers, die fortwährende Bewegung. Das rauschende Wasser ist voller Sauerstoff. Immer strömt es weiter, so sehr, dass darin deutlich wird, dass dies DAS EIGENTLICHE ist. Es soll immer weiter gehen und es soll erfahren sein. Ein Selbst soll darin erfahren sein. Ein Tanz geradezu. Und nun öffnet sich der Raum der Fülle, denn in der Haltung, die alles bejaht, wird auch das Strömen zu einem Gewinn. Alles nehme ich, als wäre es eine Grundbedingung, unabänderlich und ich wende mich der Wahrheit zu.

Und darum Laufe!

Linienläufer

Das Laufen im Kreis ist etwas anderes als das Laufen auf einer Linie. Wo es hier vielleicht als ein Vorteil empfunden sein mag, dass vom ersten Schritt an das Ziel voraus liegt, so mag dort der Weg zu dem Wendepunkt als beschwerlich empfunden sein, weil ein jeder Schritt Entfernung bedeutet und eben nur in übertragenem Sinne Annäherung. Doch dem sich vergrößernden Raum, dem sich VON-DEM-ZIEL-UND-DEM-AUSGANGSPUNKT-ENTFERNEN, einen Sinn abzugewinnen, ist die Herausforderung, die dem Linienläufer gestellt ist. So wie er sich körperlich trainiert, steht ihm die mentale Übung bereit, vom ersten Schritt an. Mit der Vorstellung des SICH-ENTFERNENS umzugehen ist die Herausforderung für den Linienläufer. Ein Möglichkeitsraum. Nichts wird ihn schrecken können. Nach innen gesenkt, mag er eine besondere Stärke entwickeln. Vom ersten Schritt an. Sie ist, unbeirrt zu sein. In mir erhebt sich die berauschende Vorstellung, zu einem Linienläufer zu werden, der nicht zurückkehrt an seinen Ausgangspunkt. Ein Linienläufer, der Tag für Tag sich fortbewegt und nie zweimal an dem gleichen Ort sich niederlegt, um auszuruhen. Ein Linienläufer, der nicht mehr zurückkehrt, der sich nicht umdreht, der weiter, immer weiter läuft. Einfach nur geradeaus, um darin den Kreis eines Seins zu schließen.

Und darum laufe!

Heimkehr

Lass die letzten Meter zu deinem Haus kein Zieleinlauf sein, keine Straße, nicht einmal ein Weg. Ein verschlungener Pfad soll es sein, auf dem du langsam werden kannst, nach

langem Lauf heimlich werden kannst. Ungesehen, unbegeg-
net, leis, still, versöhnt, mit dir vertraut. Leis komm heim. *Ja,
das ist es.*

Und darum laufe!

In Schleifen

Ich laufe in Schleifen. Ein Weg, ein Gedanke, das Gefühl
von Schuld und Scham, etwas, das mich nicht loslässt. Es
kreist in mir, sodass es mir zu einem Ärgernis wird, welches
ich nicht einfach abstreifen kann. Es ist ein Ärgernis, so sehr,
dass ich kurz davor bin, den Lauf abzubrechen. Ich bin kurz
davor, es sein zu lassen. Eine List kommt mir zur Hilfe: *Ich
laufe ein Stück zurück auf meinem Weg, etwa so weit bis zu
dem Ort, an dem ich begann mich zu ärgern. Oder sogar noch
weiter zurück bis zu dem Ort, an dem ich begann über das nun
erblühte Ärgernis nachzudenken.* Dort angelangt, wechsele
ich erneut die Richtung und nehme die zweite Chance, von
diesem Knotenpunkt aus loszulaufen. Der Knotenpunkt ist
der Punkt, der mich am meisten interessiert. Hier, wo der
Faden, die Schnur verknotet ist, wo sie fixiert ist, setze ich
mit meiner Frage an. Ich verstehe, was es bedeuten würde,
den Knoten zu lösen. Eine Schnur, die zuvor gebunden war,
würde auf eine sehr viel größere Länge auseinandergezogen.
Einem Quantensprung gleich, wäre von einem auf den anderen Moment ein Anfangspunkt von dem Zielpunkt abge-

rückt. Der Raum, der dazwischen läge, wäre gewaltig erweitert. Es ist also kein mühsames SICH ANNÄHERN an Größe, Weite, Tiefe oder Bedeutung. Es ist da in diesem Moment. *Die Erkenntnis bricht ein in die Realität, wie ein Läufer auf dem Eis.* Mich interessiert also diese Verknotung, die mich wiederholen lässt. Die mich daran hindert loszulassen und weiterzuziehen. Mich interessiert der Knoten mehr als alles andere.

Und darum laufe!

Listig

Der halbe Weg. Es ist Zeit umzukehren. Die Heimkehr sei nun besprochen, der Heimweg, die Rückkehr. So wie ein Aufbrechen, ein HINAUS-ZIEHEN ein Wagnis war, voller Aufregung und von einem Zauber getragen, so wird nun deutlich: *Die Rückkehr hat den Zauber vergessen und das Wagnis der Heimkehr wiegt doppelt, vielfach sogar.* Die Herausforderung, die ich bestanden habe, sie ist nur der erste Stein des verfallenen Tempels, den ich im Dschungel fand. Der heilige Ort liegt noch vor mir, viel tiefer im Dickicht, viel weiter im Ungewissen und zudem liegt dieser Ort in mir. Was einmal bestanden war, mich hat müde werden lassen, es war ein Auftakt nur. *Nun geht es ums Ganze!* Das, was jetzt kommt, ist kein Spiel mehr. Es geht um meine Haut, meine Zähne, meine Knochen, mein Herz, meine Eingeweide. *Doch ich bin listig, erfahren, gerissen, ein Niemand schon!* Und ich weiß um den Zauber des Spieles, um die Magie der Versunkenheit und um die Kraft des Vertrauens. Mit ihr ziehe ich das letzte Mark aus meinen Knochen. Die Knochen werde ich doch irgendwann sowieso nicht mehr benötigen. *Warum also nicht jetzt?* Ich erschöpfe mich vollends, doch ich bleibe listig dabei.

Und darum laufe!

Der Sprung

Ein leichter Sprung über einen halb auf dem Weg liegenden Baum am Bach und ich bemerke: *Der Sprung, er ist nicht aus der Kraft des Beines heraus, welches den Boden berührt, vollzogen.* Der Sprung entspringt nicht dem Abstoßen oder dem Abdrücken, da ja das hintere Bein durchgestreckt ist und gerade eben noch den Boden berührt. *Das Bein kann micht nicht mehr abdrücken.* Vielmehr ist der Sprung eine Art inneres Ziehen aus dem angehobenen Bein, welches durch mich hindurch die Kraft für den Sprung und den Flug aus dem gegenüberliegenden Arm, dem Rücken und dem Nacken bezieht. Der Sprung, er ist ein Ziehen in der Bewegung. Er ist ein Impuls hinauf. Und er ist ganz innerlich. *Und für einen Moment fliege ich.*

Und darum laufe!

Das Andere

DAS EINE, es ist, eine achtlos hinweggeworfene Konservendose die Straße hinabzutreten, ihr, ihrem Scheppern zu folgen, für den nächsten Tritt, den darauffolgenden dazu. Für Lebensjahre mit einem Minimum an Variation, einem begrenzten Risiko. Ist doch diese Straße ihr Ort. Sind doch die Ränder dieser Straße ihre Begrenzung. Bin ich doch bemüht, in jedem Tritt dem Lauf der Straße zu folgen und ohne darüber nachzudenken, trete ich von der Bankette aus in die Richtung des großes Stromes, in die Mitte der Straße, die sich im Horizont verliert.

DAS ANDERE, es ist, in den Büschen zu verschwinden, Rechts oder Links über die Bankette hinweg, sich in die Wildnis zu schlagen, sich zu verlieren, sich selbst zu riskieren, sich selbst herauszufordern und in der Herausforderung sich selbst zu erahnen. Es ist, sich in die Dornen, die Nesseln zu begeben. Hindurch, nicht blind, doch in der Kraft, die sich in der Herausforderung zu erheben hat. Es ist, die Konservendose sich selbst zu überlassen. Sich nicht mehr verpflichtet zu fühlen. Frei davon. Es ist, zu verschwinden, leis wie ein Tier, dem Instinkt zu folgen, zur Wildnis selbst zu werden.

Und darum laufe!

Wald

Nur dann, wenn ihn zu betreten mir ein Risiko birgt, ist von einem Wald zu sprechen.

Und darum laufe!

Illusionen

Unter sechs Minuten pro Kilometer, ich laufe und messe meine Zeit genau. Ich laufe in einer Geschwindigkeit, in der ich vor vielen Jahren gelaufen bin. Das war mein Ziel, diese Zeit wieder zu erreichen. Ich wollte einmal wieder so schnell und so weit in dieser Geschwindigkeit laufen, wie ich es als junger Mensch getan habe. Ich denke zurück und lasse Bilder erscheinen aus der Zeit und dem Zeitraum dazwischen. Es ist, als würde ich neben mir selbst laufen. Ein junger Mann neben dem Mann, der sein Vater sein könnte. 30 Jahre älter, ein Leben liegt zwischen uns beiden und doch ist es nur ein Wimpernschlag. Ich blicke auf den jungen Mann und spüre, von ihm angeblickt zu werden. Nicht feindselig oder fremd, einfach nur mit dem Ausdruck der Verwunderung. Vielleicht auch mit dem Ausdruck eines Unverständnisses. Einander so wenig vertraut zu sein, erstaunt mich. Einander so wenig zu sagen zu haben, erstaunt mich noch mehr. Ich habe mich immer gemocht, nur selten habe ich mich verachtet. Ich habe versucht, gut zu sein und nun diese Distanz zwischen uns beiden. Und ich sehe all das, was vor ihm liegt. Ich verstehe: *Er kann es nur bestehen, weil er nicht ahnt von den Prüfungen und Herausforderungen, die ich erfahren habe.* Glück und Unglück, Erfolg und Niederlage. Ein echtes Leben. Ich schweige. Ich verrate nichts. Ich verstehe, dass es keinen Sinn macht, etwas preiszugeben. Doch was rät er mir, wenn auch wortlos, schweigend? *Die Aufrichtigkeit nicht zu opfern, den Respekt vor sich selbst zu wahren.* Er ist unerbittlich, wo ich doch gerade glaubte, Prinzipien aufgeben zu können. Seine Reinheit beschämt mich. Als er diese Zeit lief, verstand er seinen Zorn nicht mehr gegen andere zu richten. Gegen sich selbst ebenso wenig, doch das Laufen war irgendwie zu ihm gekommen. *Ich könnte mein eigener Sohn sein,* denke ich. *Er könnte mein Vater sein,* denkt er. Doch er will nichts von mir wissen, will sich nicht zu tief mit mir einlassen. Und ich verstehe, wie gut sich Illusionen anfühlen, welch eine große Kraft sie genussvoll in ein Leben einfliessen lassen. Es würde seine Illusionen gefährden, würde er sich mit mir einlassen. Und es sind ja seine, die des jungen Mannes. Woher sollte ich das Recht nehmen, auch nur ein Wort zu verlieren? Zu meinen Illusionen schweigt er voller Takt und darin beharrlich. *Mir scheint, wir sind einander ähnlich.*

Und darum laufe!

Umkehr

Erst sind es die Zeichen der anderen, denen ich folge. Markierungen an Bäumen, Pfeile in leuchtenden Farben, Überbleibsel. Dann sind es die höheren Zeichen, denen ich folge. Eine Astgabel, die Beschaffenheit eines Baumes, der Einfall der Sonne an einer Wegkreuzung in diesem Moment. Dann, an der folgenden Wegkreuzung, ist es mein Wille, meine Entscheidung, der ich folge. Ich ignoriere alle Zeichen, ordne sie meinem freien Willen unter. Und dies, um einen Umweg zu nehmen, um die Wüste kennenzulernen, den steinigen Weg, den schweren Anstieg, die Sackgasse. Hier heraus wieder hervorgegangen, nehme ich wieder die höheren Zeichen wahr und ernst und folge ihnen. *Doch was ist falsch an einem Umweg? Was ist falsch an der Wüste? An Steinen, an einem Anstieg? An einer Umkehr?*

Und darum laufe!

Umkehrpunkt

Ich laufe und nehme mir vor, an einem bestimmten Punkt umzukehren. Ich plane den Tag und will nicht zu weit laufen. Es gibt also einen bestimmten Ort, an dem ich umkehren möchte. Ein kleiner Wasserfall zwischen zwei großen Bäumen und einer hinauf ragenden Felswand. Kiefern,

Buchen, Eichen, Moose, Farne und mit ein wenig Glück die Wasseramsel, die dort auf einem Stein im rauschenden Bach lauert und hinab ins frische Wasser springt, um an anderer Stelle wieder aufzutauchen. *Dort also will ich umkehren,* denke ich gerade noch und finde mich jenseits dieses Ortes auf der Strecke wieder. Ich bin bereits einige Hundert Meter zu weit gelaufen. *Wie eigenartig!* Ich habe den Umkehrpunkt überhaupt nicht wahrgenommen. Ich habe den Ort links liegen lassen. Ich war wohl betört von dem Rauschen des Wassers, war umfangen von dem Klang, war Wasser und Frische selbst. Ein heiterer Moment. Ein Vergessender zu sein, es ist von einer großen Kraft. Ein SICH-SELBST-VERGESSENDER zu sein, ein SICH-SELBST-AUFLÖSENDER, ein HINAB-STRÖMENDER zu sein, es ist von einer großen Kraft. *Ihm gibt es keine Verpflichtung mehr. Nichts Halbes mehr, kein Kompromiss.*

Und darum laufe!

Geborgenheit

Es ist nicht so, dass dieses EIN Wald ist. Es ist nicht so, dass dies eine Form ist, die bevölkert und betreten ist von Wesen, die aus dem umliegenden Raum hereintreten. Vielmehr ist dies eine VIELZAHL von Wäldern, die unterschiedlich sind und dabei doch aus identischen Bestandteilen bestehen. Die Anzahl dieser Wälder ist so groß wie die Anzahl der Menschen, die hereintreten. Und zudem, ganz sicher ist diese Anzahl nicht nur auf uns Menschen beschränkt, nur weil wir uns nicht die Mühe machen, uns das über uns Hinausgehende vorzustellen. *Pflanzen, Tiere und noch viel mehr.* Die Anzahl der Wälder, ich stelle sie mir als unfassbar groß vor. Und dies hat nichts zu tun mit einer Wissenschaft der Erkenntnis, die etwas als radikal denkt. Es ist vielmehr so, dass es dort ein Gefühl gibt, welches einfach sofort da ist, wenn ich diesem Gedanken folge. Der Gedanke ist: *Der Wald ist sooft da, wie es* WESEN *gibt, die ihn bevölkern.* Das Gefühl, dass aus diesem Gedanken heraus in mir entsteht, es ist ein Tor, durch welches ich schreite und jetzt und sofort ist es nun der EINE Wald, in dem ich mich bewege. Der EINE Wald und eine tiefe, wahre Geborgenheit umschließt mich vollends. Dies ist die von mir lang ersehnte Annahme durch die Welt. Es ist eine Verwirklichung meines seins in diesem Moment der Übereinstimmung und der Harmonie.

Und darum laufe!

Erosion

An dem Baum, an dem sich der Weg teilt, am Hang über dem Wasserfall, halte ich mich an seinen heraustehenden Wurzeln fest und eile über die ausgehöhlte Form aus Sand, Wurzeln und Steinen. Das sandige Erdreich ist hier ausgetreten und dann ausgespült, sodass der Baum den Anblick eines sich in den Hang krallenden Lebewesens bietet. *Ein-*

mal wird er hinabstürzen. Meine Füße eilen geschwind über die Wurzelbarrieren und sie treten den Weg weiter aus mit jedem Schritt. Mit jedem Schritt drücke ich das ihn haltende Erdreich ein wenig hinab. Ich muss mich hüten, auf dem losen Untergrund nicht auszurutschen. Ich kann noch so behutsam sein und doch trage ich etwas von dem Hang ab. Ich kann nicht NICHT-ZERSTÖREN. So sehr ich mich auch mühen mag. Spuren von mir überall in diesem Wald. Doch es ist gut, so wie es ist. Es ist gut, so wie es hier seinen Gang nimmt. Es gibt eine Art Einvernehmen zwischen dem Baum und mir. Ein Einvernehmen mit dem Regen, mit der Witterung, dem Erdreich, der Landschaft, dem mich umgebenden Raum. Alles stellt sich hier in dieser momenthaften Form dar, nichts ist von Bestand. Alles fließt ineinander und erhebt sich erneut. Und ich denke: *Was ist das, was mich ausspült, mich einmal stürzen lässt, mir den Boden unter den Füßen rauben wird?* Und wo, in welcher Art und zwischen wem ist das Einvernehmen hierüber geschlossen?

Und darum laufe!

Wildnis

Wenn ein Waldstück einmal nicht mehr bewirtschaftet wird, wandelt sich das ganze Gefüge. Bäume stürzen um, ihre Wurzeln brechen den Boden auf, die Stämme liegen quer und werden langsam zersetzt. Lang Verschwundenes kehrt zurück: Pilze, Farne, Flechten, Käfer, dann Vögel und mit den Vögeln die Samen der neuen Bäume. Es ist ein langsamer Wandel und doch mag er überraschen, wenn das Waldstück sich verändert zeigt. Nicht einzugreifen, es geschehen lassen, es ansehen, ohne Intention oder Plan, ohne Berechnung, es ist Ausdruck einer Haltung. Zu dieser Haltung gelange ich über die Erfahrung des Mangels, der in der gehemmten Kultur, in dem Forst sich zeigt. Ist diese Haltung eingenommen, bricht eine Vielfalt ein, die dabei nach harmonischen, kaum durchschaubaren Regeln geordnet scheint. In dieser Ordnung ist auch DAS WILDE Zuhause, das Raubtier, das Schattenhafte, das Dunkel der Nacht und das Mondsüchtige. *Und so lass ich alles sein, auf dass in mir die Käfer ihre Gänge graben, auf dass sich Farne und Ihre Sporen verbreiten, auf dass ein Geheimnis sich erheben mag.*

Und darum laufe!

Die Last

Die Last des Rückweges, im Umweg ist sie gelöst.

Und darum laufe!

Sonnenstrahl

Der gerade Weg erlaubt mir an ihm entlang, in die Ferne zu blicken und ich sehe den Schatten der Bäume, die den Weg säumen wie die Schweller einer Schiene, auf der ich laufe. Ich kann mir den Lauf der Sonne vorstellen, denn ich bin zu unterschiedlichen Tageszeiten auf diesem Weg gelaufen. Zu allen Jahreszeiten bin ich hier gelaufen, ich habe den tiefsten Sonnenstand erlebt mit den langen Schatten und auch den höchsten Sonnenstand. Immer beschrieben die Schatten ein Oval, so wie der Lauf der Sonne am Himmel. Und mir ist, als wäre die grade Linie, der grade Weg, ein Irrtum, an dem ich mir der Kreisbewegung der Sonne bewusst werde. *Doch ein Irrtum dabei.* Ein Irrtum, der irgendwann einmal in die Welt gekommen ist. Vielleicht war in ihm die Horizontlinie nachempfunden und mehr noch die gerade Linie, in der der Sonnenstrahl uns trifft, die gerade Linie, in der der Sonnenstrahl sich von dem Schatten abgrenzt.

Und darum laufe!

Standhaftigkeit

Auf einem Stein inmitten des dunkel beschatteten Wasserfalls, in einer Mulde, angefüllt mit zersetztem Laub, ein Same sich vor einer Weile einfand und nun ein grün leuchtendes Pflänzchen sich erhebt. Umtost vom Wasser, dem Rauschen der Gischt. Ich erfreue mich an dem Anblick und verweile in der Frische und der in mir aufkeimenden Standhaftigkeit. Eine besondere Schönheit empfinde ich in dem von mir erahnten Mut, hier zu keimen. An dem Ort, der so widrig ist, dass mir der Anblick des Pflänzchens völlig unerwartet ist. Meine Sympathie ist groß und sie war es schon immer für all das, was den Widrigkeiten sich stellte, was an Grenzen sich bewegte. Und nun fühle ich mich eingeladen, an diesem Ort in das Wasser zu steigen. Ich lege meine Kleidung ab und lasse mich fallen. Die kalte Strömung geht über mich hinweg. Ich sinke und halte den Atem an. Dabei bin ich verbunden mit dem grün leuchtenden Stängel und seinen vier oder fünf Blättern. *Vertraut wir sind, das Pflänzchen und ich.* Es beobachtet mich, es lächelt, seine Sympathie ist groß. Es behütet mich und erfreut sich an meinem Anblick. *Vertraut wir sind, das Pflänzchen und ich.* Seine Kraft ist nicht zu unterschätzen, sein Mut ist nicht zu unterschätzen.

Und darum laufe!

Die hohe Kunst

Mit dem gesenkten Blick, dem verengten Sichtfeld auf den Bereich vor meinen Füßen, lasse ich die Erde unter mir hinwegströmen. Steine, Staub, Geröll, Gräser, Wurzeln, Pfützen. All dies in dem Strom meines Laufes, in den sich Bildhaftes aus meinen Gedankengängen mit einfügt, um den Raum vollständig auszufüllen. Ich blicke nur dorthin. Ein ovaler Raum, vielleicht einen Meter vor meinen Füßen. Ich schirme mich völlig ab. Kein Blick weicht ab. Und ich folge einer inneren Erzählung. Sie kann sich aus all dem, was denkbar ist, speisen. Immer ist sie die Realisation des Wunsches von etwas, erzählt zu sein. Die Erzählung taucht auf, weil sie erzählt und von mir gehört sein will. Oft begegne ich im Zuhören Gefühlen der Reue und der Scham. Ich versuche sie sein zu lassen, nachdem ihnen hier mein Raum zur Verfügung gestellt war. Das gelingt meist ganz gut, denn in mir ist der Wunsch, es gut werden zu lassen und Frieden zu schließen. Dieser ovale Raum, einen Meter vor meinen Füßen ist ein Ort der Heilung, der Harmonisierung und ich erfahre immer wieder, in ihm aufzugehen und aus ihm gereinigt hervorzutreten. Dabei genügt es, einer einzigen Erzählung zu folgen. Um die Erzählung in der Tiefe aufzunehmen und vielleicht sogar zu verstehen, ist es sogar notwendig, dass ich mich auf diese eine Erzählung konzentriere. Die Bewegung, der Stoffwechsel, die Atmung, der Weg und mich Umgebendes, Pflanzen, Tiere, Menschen, Regen, Sonne, das Licht und seine Schatten, dies alles dient dieser einen Sache. Und es ist der Strom des Lebens, der unter mir fließt. Er ist vielschichtig, unfassbar, in steter Veränderung und in steter Bewegung. Ich laufe auf dem rauschenden Wasser dieses Stromes. Meine Füße fliegen über ihn hinweg, sodass sie seine Oberfläche gerade eben nicht berühren. Ich spüre die kühle, feuchte Luft an mir aufsteigen. Ich darf nicht stehen bleiben. Ebenso wenig darf ich nicht zu schnell laufen. Ich würde außer Atem geraten. Meine Geschwindigkeit soll so sein, dass ich nicht leide und reagieren kann, wenn es erforderlich ist. Ein wenig zu beschleunigen ist mir dann noch möglich. Nichts ist vorherzusehen, so ist es gut, ein wenig bereit zu sein. Ich laufe auf dem Wasser und bedenke die Metapher, so wie ich sie erzählt bekommen habe, neu. *Über das Wasser laufen, auf den Wasser laufen* und nun leuchtet mir ein, dass damit gemeint sein kann, die rechte Geschwindigkeit zu wahren bei dem Lauf auf dem Strom des Lebens. Dem Lauf auf dem Strom des eigenen Lebens. So individuell und schön, wie ein jeder Mensch ist. Ohne dabei in dem Strom des Lebens zu ertrinken. In des Schwebe sich zu halten, in einer Harmonie mit dem Sein. Darin zu dem Strom selbst zu werden, der großen unermesslichen Kraft. Ein Prophet, der auf dem Wasser lauft. Ja, ein Wunder, welches einer Erzählung wert wäre. *Doch wie viel mehr kann es für uns bedeuten, sei dies eine Metapher für die hohe Kunst des Seins. In dem Sein wirklich zu werden, in dem höchsten mir möglichen Potenzial.*

Und darum laufe!

Feueratem

Scharf durch die Nase eingeatmet, aktiviere ich eine Art Zellenergie in mir. Ich setze diese Energie ein, am Ende eines langen, für mein Empfinden etwas zu schnellen Laufes, um das Tempo des Vorauslaufenden zu halten. *Anpassung und gegenseitiger Ansporn.* Vielleicht laufen wir beide zu schnell. Vielleicht beschnaufen wir einander, um einander mit unserem Schnaufen herauszufordern. So, wie wir von Kind auf an lernten, uns miteinander zu messen, wird das EINANDER-MESSEN immer wichtiger. Das Messen treibt uns unserer körperlichen Grenze entgegen. Ich belaste mich stärker, als ich es allein tun würde. Und so atme ich scharf durch meine Nasenlöcher ein. Es ist wie ein Feuer. Der Feueratem setzt ein und ich kann für eine kurze Weile schnell sein. Dann falle ich wieder ab. So nah liegt die Freude über die Erlangung dieser Energie neben dem Leid, diese Energie wieder schwinden zu sehen. Doch es ist noch kein Leid. Es ist eher eine Vorstufe, die Abwesenheit der Freude. Eine Art Beschwernis, als hätte ich zuvor geborgt, um nun zahlen zu müssen.

Und darum laufe!

Selbstorganisation

Wenn es einen Tag gibt in der Woche, der die Übung in sich birgt, so gibt es dort eine Struktur, die über Jahre hin ausgeführt, stabiler und verlässlicher wird. *Ich werde laufen, ist dieser Tag erreicht.* Er ist der Lauftag und ich strebe dem Ideal entgegen, der Struktur, die mir Erfüllung ist. So organisiert, erlebe ich Wirksamkeit, Wahrhaftigkeit und Wahrheit. Ich bin hoffnungsvoll, voll Freude, glücklich geradezu, weil meine Bedürfnisse befriedigt, weil die Struktur mich birgt und behütet. *Ich folge, doch das Leben ist es nicht! Die Freiheit ist es nicht.* Es ist ein Versuch, etwas der großen Wahrheit, dem großen Mysterium zu entgegnen. Eine Selbstbehauptung. Und darin eine Behauptung nur. Denn ich verändere mich von Tag zu Tag. Ich muss das anerkennen. Ich altere, das ist gewiss. Und so sind die Pläne von heute geradezu albern im Angesicht des morgigen Tages. Ich lächele über mich. Das bin ich vielleicht: *der Versuch einer Strukturierung!* Das ist das, was ich ein Selbst nenne, dieser Versuch dazu. Dieser Versuch trägt meinen Namen. Ich spiele damit. Im Spiel, erinnere ich, ist der Mensch ganz Mensch. *Der Mensch im Wesen, er sei ein spielender Mensch.* Ein Mensch im Spiel mit der Strenge des von ihm selbst erdachten Planes.

Und darum laufe!

Selbstverständlich

Das SELBST ist mir nicht *selbstverständlich*. Es ist es deshalb nicht, weil zu Verstehen mir bedeutet, eine Handlung des SELBST nachvollziehen zu können. Dies erst zu einem Zeitpunkt, der nach dem eigentlichen Moment der Definition des SELBST liegt. *Doch das* SELBST *ist dynamisch, es entwickelt sich, es verändert sich fortwährend!* Durch eine Handlung definiere ich ein SELBST. Durch eine Niederlage definiere ich noch viel stärker ein SELBST. Auch wenn ich mich selbst als Opfer wahrnehme. Der Handlung gehen Entscheidungen voraus. Der Niederlage gehen Entscheidungen voraus. Erst in der Rückschau kann ich verstehen. Mit der Handlung und der Entscheidung mich anzufreunden, rate ich mir. Mit der Niederlage mich anzufreunden, rate ich mir. Doch ich ersetze *selbstverständlich* durch *selbstentscheidend*, denn all das, was das SELBST nicht sein soll, es ist zuvor in dem Bruchteil, dem kleinsten Teil des Moments, dem Kern des Moments, verworfen, verneint, abgelegt, gelassen: *Abgeschieden.*

Und darum laufe!

Genussläufer

Das Laufen ist mir so sehr natürliche Form, so wenig Gefahr, dass es mir in diesem Moment unmöglich erscheint, in
dem Laufen an den Rand des Bequemen, darüber hinaus in
den Bereich des Lernens und dann in den Bereich des Exis-
tenziellen zu gelangen. Gewiss lerne ich und doch ist es be-
quem und komfortabel, so betreiben, wie ich es tue. Es ist
ganz sicher wohltuend und ich erschöpfe mich in ihm, das
ist die SACHE-AN-SICH. Und doch erschöpft es sich, wenn es
keine Herausforderung gibt. Ich und vielleicht auch ein jeder anderer Mensch in seiner eigensten Form benötige und
suche eine Herausforderung: *Gelingt es mir, in der Dunkelheit
zu laufen, soll es die Kälte sein. Gelingt es mir, eine besonders
große Dauer zu bewältigen, so soll die Steigung dazukommen.
Distanz oder Geschwindigkeit gemessen und verglichen, immer
soll es eine Herausforderung sein.* Es endet nie und ich berau-
sche mich daran, mich solcherart zu vergeuden, mich zu
verausgaben. Es wird mich umbringen, irgendwann. Ganz
sicher, eine Heimkehr gibt es nicht. Es ist die SACHE-AN-SICH.
Doch die Resignation, die geängstigte Lethargie, sie würde mich ebenso umbringen, ganz sicher irgendwann. *Was
also treibt mich in dieser Disziplin hinauf in den Bereich, der
mich herausfordert, mich mit einer neuen Erfahrung versorgt?*
Vielleicht eine mich verfolgende Bedrohung. Ein Tier, eine
Meute. Ich würde anders laufen, Reserven mobilisieren und
überhaupt erst von Reserven in mir Kenntnis erlangen. Einem Meister des Laufens gelänge genau dies ohne eine frem-
de Bedrohung. Aus sich heraus sich der Grenzerfahrung an-

zunähern, um in der Erfahrung sich selbst zu erkennen. Sich selbst zu spüren, immer wieder. Nichts darin wäre einmal begangen, auch schon abgeschlossen oder dauerhaft errungen. Ihm wäre kein Tier notwendig. Er wäre souverän.

Und darum laufe!

Ein Vogel

Ein Vogel des Frühlings, sein Gesang, den ich schon Hundert Mal gehört habe. Ihn zu bestimmen, seinen Namen zu ermitteln, es könnte mir helfen, den Vogel zu benennen. Doch ich erkenne, wie sehr ich im Benennen hinter dem zurückbleibe, was der Gesang des Vogels mir zu verstehen anbietet. Viel mehr ist dort als die Vereinbarung, die wir Menschen getroffen haben, dieses Wesen genau so zu benennen, wie wir es tun. Viel mehr ist dort in dem Gesang, was in mir eine Saite zum Klingen bringt. Viel mehr an Empfindung, an Wahrheit, an Leben, zu dem ich über diesen Gesang finden mag. Eine ganze Welt tut sich auf, wenn ich nur ruhig werde und lausche.

Und darum laufe!

Aktivität

Nie wirklich nie darf es um Aktivität gehen, um reine Aktivität, die ihr eigener Sinn, Zweck, ihre ureigenste Absicht ist. Das wäre, so sage ich mir, die reine Vergeudung, eine Negation, eine Art NICHTS, an dem abzustürzen doch jedem gelingen wird. Immer, aber auch wirklich immer, so sage ich mir, soll die Aktivität eine sein, die hinführt in Erfahrung, Gedanke, Erkenntnis in die Loslösung von Gedanken, in eine Gedankenlosigkeit, in Erkenntnislosigkeit, in eine Erfahrungslosigkeit geradezu, weil sie mich zu einem reinen Menschen werden lässt, ohne Vergangenheit, ohne Voraus, ohne Gewesenes, ohne Zukunft, ein in dem Moment changierendes, pulsierendes Wesen, welches den Raum, den wir mit dem Begriff MOMENT zu fassen suchen, immer schmaler werden lässt, wie die Schneide eines geschärften Stahles, geradezu hinaufgeführt, hinaufgeführt sogar in den einen Punkt, der wie die Spitze einer Stecknadel das EINE nur ist und darin alles umfasst. Dieser eine Punkt, der sich dann verströmt, wie eine ausrauschende Flut in alle Richtungen, um endlos zu werden in dem unbegrenzten Raum der persönlichen Geschichtlichkeit, der heraufsteigenden Vergangenheit, der umfassenden Zukunft: *Ein Mensch.*

Und darum laufe!

So, wie es will

Ein Sturm zieht auf, Bäume brechen. Das ist ein Naturgesetz. Ich frage mich: *Warum ist genau dieser Baum gestürzt? In welche Richtung weist sein Sturz? Was von ihm ist abgebrochen?* Ich bin beeindruckt von den Kräften, dem geborstenen Holz, den abgeworfenen Ästen. Ich idealisiere. Ich idealisiere an der Verwüstung, an dem Bild, das sich hier bietet: *Es sollen große Bäume, harmonisch platziert, umgeben von kleineren, heranwachsenden sein. Wohlgemischt, sich selbst überlassen, dem eigenen Willen folgend.* Unangetastet soll er sein, der Wald, unbewirtschaftet, ohne Geraden und Wege, die nicht von Tieren gezogen, von Menschen dann befolgt und angenommen wären. Ich trage den Idealismus in den Wald hinein. Der Idealismus ist von sich aus im Wald nicht zu finden. So sehr ich auch suchen mag. Im Wald ist alles, wie es ist: gegenwärtig, anwesend.Reines Sein, widersprüchlich. Existenz ohne Wert oder Unwert. Würdig, gleichgültig und -geltend. Aufstrebendes und absterbendes Leben, gestautes Wasser, gelegte Bäume quer durch den Bach. Gerade so wie es will. *Ein Sturm zieht auf, Bäume brechen.*

Und darum laufe!

Ein Volkslauf

Ich laufe auf dieser Strecke nun seit vielen Jahren und das vielleicht zwei Mal pro Woche. Wenn ich ein wenig rechne, so gelange ich auf eine Anzahl von vielleicht 2000 Läufen. Es ist wahrscheinlich ein wenig zu hoch gerechnet, aber die Zahl ist schön und mag meiner Vorstellung dienen. Ich ziehe also die Zeit zusammen in diesen Moment und bevölkere meinen Wald mit 2000 Entitäten meiner selbst, die hier in 2000 Lebens-, Bewusstseins-, Gedanken- und Vertrauenszuständen einmal hier liefen und nun hier sind. Sie sind wirklich da und anwesend, wie Überblendungen von 2000 Filmaufnahmen in einen einzigen Film hinein. Und so gibt es einen Start mit dichtem Gedränge, welches sich im weiteren Verlauf ein wenig auflockert. Ein dichtes Treiben zu allen Jahreszeiten, die Strecke entlang zu Rast- und Umkehrpunkten. Der ein oder andere entgegenkommende Läufer ist in sich versunken, das Feld ist lang gezogen. Alle sind ganz ähnlich gekleidet. Manch ein Kleidungsstück ist in allen Jahrgängen vertreten. Für alle ist Platz in diesem Wald und für noch viele, viele mehr. *Mir scheint, als hätte ich mit dieser Sache gerade erst angefangen. Anfängergeist auf diesem Weg, überall. Kein Meister weit und breit.*

Und darum Laufe!

Spannung

Zwei Nächte Frost und der Bach ist bedeckt mit einer Eisschicht. Vom Ufer bis in die Mitte des Baches hinein ist die Eisschicht gewachsen. Darunter fließt das Wasser und von oben wird gefrorenes Material auf die Eisfläche geschoben. *Ein Knall erschreckt mich.* Er ist vor mir und hinter mir zugleich. Einem Blitze gleich, ist ein Bruch durch das Eis geschossen. Die aufgeschobene Spannung erlöst sich in diesem langen Bruch. *Das neue Jahr kündigt sich an.*

Und darum laufe!

Farben

Ich bleibe stehen und schließe meine Augen. Ich drehe mich und wende mich der aufgehenden Sonne zu. *6000 Kelvin.* Ich lasse mich vom Licht bescheinen und nehme die Wärme der Sonnenstrahlen auf. Ich bemerke, wie mein Körper in der Kälte des Morgens dampft. Mein Atem beruhigt sich, mein Pulsschlag entspannt sich und ich schaue mit geschlossenen Augen. Ich sehe Farben: *Rosa, Violett, Gelb, auch Weiß. Ich sehe Orange, Dunkelrot, bläuliche Töne.* Die Farben gehen ineinander über, sie verlaufen ineinander, versinken und erheben sich. Sie geben den Raum wieder für die folgende Farbe frei. Ich schaue mit geschlossenen Augen, ohne zu fokussieren. Ein Farbenspiel, alles ist bewegt. Alles fließt. Ein

Meer an Farben. Meine Augen entspannen sich. *Vielleicht,* so denke ich, *ist das weiße Licht das, womit ein Sehen beginnt. Vielleicht,* so denke ich, *sind die Farben das, was sich an das eben wahrgenommene erste Weiß anschließt. Vielleicht sind Weiß und die Farben das, was ein Embryo mit dem sich eben gebildeten Auge sieht. Ganz sicher gibt es einen ersten Lichtstrahl, den das eben gebildete Auge sieht. Vielleicht sind von hier ausgehend Weiß und die Farben das, was ein Embryo in dem Bauch seiner Mutter bis zum Tag seiner Geburt sieht. Ganz sicher verbinde ich mich mit mir selbst in meinen ersten Tagen. Ganz sicher verbinde ich mich mit diesem ersten Lichtstrahl in diesem hiervon Jahre entfernten Moment.*

Und darum laufe!

3. Identität und Essenz

Die Essenz

Sie ist Stille und Schweigen. Die Reihenfolge ist hierbei wichtig: *Erst kommt die Stille und dann das Schweigen von der Stille.*

Und darum laufe!

Hineingewoben

Eine Art Muster, hineingewoben in den Schleier des Seins. Das Muster, welches als Teil des verhüllenden Stoffes vor dem Sein liegt. Es ist in seiner Symbolik ein Ausdruck für die Idee der Schönheit. Das Muster spricht von der Schönheit. Von dem Ideal einer Schönheit und der Not, ihre Abwesenheit nicht zu ertragen. Ein geborstener Baum, unberührt in seiner Form, ich mühe mich, darin die Schönheit zu erkennen. In der Spur der Zerstörung, die nicht beräumt oder irritiert ist. Und ich ahne davon, dass ich genausogut den Gleichmut den Erscheinungen des Seins gegenüber in diesen Schleier hineinweben kann. Alles ist und darin zunächst nichts weiter als ein Phänomen. Es bedarf keiner Bewertung, keines Vergleiches. Es mag mich berühren, ich kann mich trotzdem auf ein Spiel mit der Gleichgültigkeit und dem Gleichmut einlassen. Und so webe ich in den Schleier hinein: *So wie es innere Stimmen gibt, gibt es Momente der Weite, der völligen Offenheit. Es gibt Momente der Stille und der Abwesenheit auch nur eines Gedankens.* Ich webe hinein in diesen Stoff den weiten, weißen Raum von dem, was sich meiner Vorstellung entzieht. Ich webe in den Schleier das nicht vorstellbare Muster der Unvorstellbarkeit hinein. Ich webe in diesen Stoff hinein die Fähigkeit, diesem Raum in Offenheit zu begegnen. Den Raum gewähren zu lassen. Aus ihm heraus mag sich etwas mir zuwenden. So leicht und fein bin ich anwesend und hellwach dabei. Dann webe ich hinein die Fähigkeit des Ausharrens in diesem Raum, ihn aufrechtzuerhalten über einen Moment hinaus. Und zuletzt sei hineingewoben in diesen Stoff die Fähigkeit zu lernen.

Und darum laufe!

Wohlausbalanciert

Eine WOHLAUSBALANCIERTE SEELE, sie scheut den Ruf nicht und stellt sich der Herausforderung: *ein zu überschreitender Stamm.* Doch um ein Messen geht es ihr nicht. Nicht um Vergleich, Bewertung, Rang oder Status. Sie eilt nicht hinüber oder stürzt sogar. Die zwei oder drei fliegenden

Schritte über den liegenden Stamm sind sicher und wohlgesetzt. Über den rauschenden Bach hinweg. Die WOHLAUSBALANCIERTE SEELE, sie steht und geht dort auf des Stammes Mitte und ist sich ihrer selbst vollkommen bewusst. *Der höchste Ausdruck ihrer selbst gelingt ihr dort auf halbem Wege zwischen Furcht und Übermut, zwischen Zögern und Eilen.* In dem Gang, der ihr selbstverständlich ist, als reiner Ausdruck ihrer selbst. Wohlausbalanciert zwischen den Gegensatzpaaren. DEN VIELEN, denn es sind Hunderte oder mehr noch, die in diesem Punkt in die Harmonie gelangen. *Für einen Moment. Zumindest in diesem einen Moment.*

Und darum laufe!

Zueinander

Eine Steigung auf meinem Weg, eine lang gezogene Kehre führt den Berg hinauf. Meine Schritte werden kürzer, mein Körper ist leicht nach vorn geneigt. Mein Blick ist auf meine Füße gerichtet und ich laufe mich warm. Die Atemfrequenz steigt und der Mund öffnet sich wie von selbst. Ich ringe um Luft, doch ich will nicht langsamer werden. Ich betrete einen Raum, in dem keine Zeit herrscht. Er ist aufgespannt von meinem Herzschlag, dem Einziehen des Atems und der Schrittfrequenz. Alle Läufe, die ich je in dieser Intensität absolviert habe, gelangen hier zueinander. Auch die noch in der Zukunft liegenden Läufe sind bereits in diesem

Raum vorhanden. Ich bin auf allen Kontinenten dieser Erde unterwegs. Ich laufe im Gebirge, im Hügelland, in der Wüste, an der Küste und in den Dünen. Ich laufe auf Steinen, auf Geröll, auf Sand, durch Gras, auf Pfaden und Straßen. Alle Orte gelangen zueinander hier in diesem aufgespannten Raum. *Ich vermisse nichts. Alles ist da.* Meine Tausenden von Identitäten verstreut auf diesem Planeten sind hier beieinander. Sie sind vergeudet in diesem Tun, welches mich in seiner Zweckfreiheit souverän sein lässt. Doch darin, genau in dem liegt der Zweck von meinem Tun. Weg und Ziel zugleich. Ein tiefer Friede steigt in mir auf und erfüllt mich in einer jeden Faser meines seins.

Und darum laufe!

Auf dem Zeitstrahl

Ich unterschreite die große Steinbrücke, die wie ein Tor vor der sich öffnenden Waldschlucht liegt und laufe auf meinem Weg. *Es ist ein Lauf auf dem Zeitstrahl zurück.* Zurück in die Vergangenheit. Gleichbleibend ist meine Geschwindigkeit und fließend die Rückkehr in der Zeit. Fließend in dem Reich der Vorstellung. Mein Geist streift mal hierhin, mal dorthin, doch immer bleibt er an Menschen gebunden. Das ist interessant. Immer sind es Momente, die ich mit Menschen erlebt habe, die nun in meiner Vorstellung auftauchen aus dem großen Meer an Erinnerungen. Ich ermahne mich, nicht zu sehr zu springen von Erinnerung zu Erinnerung, oder von Empfindung zu Empfindung. *Es soll ein gründlicher Lauf sein.* Vernachlässigtes soll angesehen sein. Und so nehme ich mir die Zeit, genau hinzusehen. Auf diesem Lauf begegnen mir Menschen, mit denen ich lange Zeitabschnitte verbracht habe und andere, die ich nur kurz traf und von denen ich mich schnell wieder löste. Und ich glaube zu erkennen, dass es die Tiefe der Selbstoffenbarung ist, die mich an einen Menschen band und diesen Menschen nun in dem Strom meiner Vorstellung auftauchen lässt. Die Tiefe der Selbstoffenbarung benötigt keine Zeitspanne. Sie ist mit einem Mal da und dann für alle Zeit. Dieser eine Moment, der ein Leben wandeln kann, ein einziger Blick nur kann er sein. Ich versuche Heiterkeit und Leichtigkeit hineinzuweben in dieses Reich der Vorstellung. *Das ist mein Leben!* Für alles gibt es Gründe, alles, so sage ich es nun: *Alles ist richtig!* Alles musste genauso sein, konnte nicht anders sein in Form und Konstellation. *Es ist ein heiteres Spiel ohne einen Verlierer!* Gewinnt ein Mensch diese Erkenntnis, so gewinnen alle an seinem Erfolg, an seiner Errungenschaft. Ich fühle mich verbunden über Zeit und Gefühl hinaus und bin zutiefst dankbar. Doch es geht darum sich zu lösen. Das war mir vor dem Antritt zu diesem Lauf völlig klar. *Sich zu lösen von dem eigenen Leben, um frei zu sein, endlich!*

Und darum laufe!

Empfangen

Ich muss anerkennen: *Vielleicht geht es in der psychischen Bedingtheit, in der ich mich befinde, bei dem Laufen hauptsächlich darum, den Körper in eine Erschöpfung zu führen, um den auf die Erschöpfung folgenden traumlosen Schlaf zu empfangen.*

Und darum laufe!

Ein Hase

Ein Hase läuft mir vor die Füße, ganz nah, als könnte ich ihn mit meiner Hand berühren und er verschwindet gemächlich in der Böschung auf der anderen Seite des Weges. Ich rufe: *Hallo Hase, Hallo Hase ...* und verbinde mich mit dem, was ich in diesem Moment gerade dachte. Und ich vernehme die Stimme des Hasen zu meinen Gedanken. Und er sagt: *Gib acht, falle nicht darauf herein, was ein anderer sagt, sei schlau, sei leis, behänd und wenn Du Dich zeigst, dann bist Du da, als wärest Du aus dem Nichts erschienen. Wenn Du Dich zeigst, bist du für alle eine freudige Überraschung. Sei fruchtbar und ziehe Dich auch wieder zurück.*

Und darum laufe!

Edelsteine

Manchmal fallen mir Edelsteine in die Hand. Etwas gelingt, von dem ich zuvor nicht ahnte. Es gelingt aus dem Tun heraus, aus der Vertiefung in die Sache, die mich am meisten reizt. Und diese Edelsteine sind so wertvoll, dass ich sie nur herschenken kann. Einen Preis zu benennen, um einen Preis zu verhandeln, es würde ihre Würde antasten und so sind sie einfach fortgegeben und darin ist alles richtig. Es kann beim Laufen geschehen, in Form einer Erkenntnis. Es kann ebenso gut bei einer Tätigkeit geschehen, der ich mich mit Hingabe widme. Etwas gelingt in dieser Disziplin und ich weiß um die Besonderheit dieses Moments, um die Besonderheit der Fähigkeit oder der Erkenntnis. Alles ist ganz leicht und einfach. Nur dorthin, wo die Edelsteine vom Himmel fallen, dorthin muss ich mich erst einmal aufmachen. Ich muss mich bemühen, an diesen Ort zu gelangen. Und ich muss mich auch bemühen, die Hände geöffnet zu halten, um die Edelsteine aufzufangen. Ich kann sie auch auflesen von der Erde, doch auch das ist mit einer Mühe verbunden. Der Moment der Mühe kommt bestimmt und mein Eindruck ist, dass es sich lohnt, die Mühe zu investieren. Regelmäßig, konzentriert und ernsthaft. Ich habe es erfahren, dass die Edelsteine herabregnen, direkt in meine Hand. Und ich erstaune immer wieder darüber, etwas zu vermögen, etwas zu beherrschen, was ich vor kurzer Zeit noch für unerreichbar hielt.

Und darum laufe!

Gläsern

Zu laufen, es ist, sich der Realität des Raumes auszusetzen und aufzutauchen aus dem Meer an Vorstellungen, dem Ozean an Ideen und Bildern. Ein Ozean aus zu Bildern geronnenen Sehnsüchten. Und jetzt die Realität des Raumes. Und der Begriff Realität erfasst das Phänomen ebenso wenig, wie der Begriff Ozean die Menge an Bildern fasst. Und jetzt die Realität des Raumes. Die Realität als ein Bild, welches körperlich konstruiert ist. Es besänftigt. Ich nenne es nur deshalb Realität, weil es mir an einem besseren Begriff mangelt. Die Mißverständlichkeit des Begriffes sei umrundet. Eingekreist von meinen Schritten. Befeuchtet von meinem Schweiß. Und aus dieser Mißverständlichkeit heraus betrachte ich die Kondensfahne meines Atems an dem feuchtkalten Morgen, in diesem Teil des Planeten zu dieser Zeit des Jahres. Dieses Bild des sich zeigenden Atems, der erwärmten Luft, die ich ausstoße im Rhythmus meines Laufes, nenne ich Realität. *Wie flüchtig sie ist. Und wie kindlich meine Freude, diese weiße Fahne zu beobachten.* Ich spiele mit ihr ein wenig. Wie ein Kind, das sich an seiner Wirksamkeit erfreut. Ich atme aus, wieder und wieder. Wie oft schon habe ich andere hingewiesen: *Schau mal mein Atem!* Als sei dies ein Beweis, ein Beleg der Wirklichkeit. Eine Bejahung geradezu. Als ginge es darum, auf dieser Kindlichkeit zu beharren. Als ginge es darum, sie hinaufzutragen in die gläserne Welt der Erwachsenen.

Und darum laufe!

Hingabe

Zu Laufen als eine Art Forschung mit der Bereitschaft und dem ausdrücklichen Ziel, von dem forschenden Subjekt zu dem beforschten Objekt zu werden. Sogar immer präziser den Raum werden zu lassen, in dem Subjekt und Objekt ineinander übergehen und dies auf eine Anzahl von Schritten in der Zeit sowie eine bestimmte Herzfrequenz einzugrenzen. Ich bekomme eine Ahnung davon, dass in den Verhältnismäßigkeiten von Geschwindigkeit, Atemfrequenz, Bodenbeschaffenheit, Auf- oder Abstieg, Außentemperatur, dem Wetter und vielem mehr eine Reihe von Momenten zu lokalisieren sind, die ich ganz bewusst ansteuere, weil in ihnen sich dieser Übergang in der Versuchsanordnung meiner Forschung von dem Subjekt zum Objekt vollzieht. *Es ist der mich mit Glücksgefühlen durchflutende Übergang von Subjekt zu Objekt und der mich bereichernde Zugang zu Informationen aus der jeweils andere Perspektive auf etwas.* Auf eine Frage, auf das Sein, auf mich selbst. Und darin ist die Frage nach dem Selbst letztlich auch gelöst. *Sie ist beantwortet!* Vollkommen, tief, befriedigend und erschöpfend. Nur ist die Antwort nicht in Worten auszudrücken. *Die Antwort ist die Auflösung der Fragestellung: Wer bin ich?* Je näher ich also heran gelange an diese Grenze, je feiner die Grenze zwischen Subjekt und Objekt in meinen Überlegungen wird, umso schneller kann mein Geist wechseln zwischen diesen beiden von mir als Kreise gedachten Bereiche. Und so wird die Schnittmenge dieser beiden Kreise dadurch immer kleiner, dass ich genau hinschaue auf den Bereich des Übergangs:

Hier also denke ich noch, hier also bin ich umnachtet und werde gedacht. Und dann passiert das Besondere: *In dem Changierenden Hin- und Her, dem unendlich schnell pulsierend Rotierenden gelangen die zuvor eine Schnittmenge bildenden Kreise in den spannungsvollen Zustand des an Ihrer Außenlinie-sich-Berührens, um darin zugleich in dem vollkommen entspannten Zustand der Deckungsgleichheit zu stehen. Alles ist* EINS! Die Deckungsgleichheit der Kreise und die gleichzeitige Berührung der Außenseiten ihrer Kreislinien stellt keinerlei Widerspruch dar. Das Glückszentrum in meinem Gehirn, wie es vielleicht von Hirnforschern genannt werden mag, vielleicht auch Suchtzentrum, Belohnungszentrum oder Lernzentrum, es jubelt auf. Ich bin wie berauscht. *Ich verstehe, dass die Behauptung, sich einander widersprechende Pole seien nicht zu vereinen, sie ist eine Illusion.* Dass ich von dem Wald irgendwie getrennt wäre, es ist eine Illusion. *Dass ich von dir getrennt wäre, es ist eine Illusion.*

Und darum laufe!

Ein Sturz

Ich laufe mit erhobenen Armen, um meinen Rücken, Muskel und Wirbel zu entspannen. Ich versuche die Arme durchzustrecken und blicke im Laufen nach oben, sodass ich Blätter und Äste über mir vorbeifliegen sehe. Eine Wurzel wird wohl mein vorschwingendes Bein gefangen haben und ich stürze in dieser Haltung ungebremst auf beide Knie. Der Stoß schlägt hinauf in die Wirbel zwischen meinen Schulterblättern und so liege ich da gekrümmt auf dem Boden und ringe um Luft. Ein Kindheitsschmerz. Ich erinnere mich und lache in mich hinein. Ich lache darüber, ein Narr zu sein, der sich selbst verletzt. Der Schmerz ist mir vertraut und darin nicht beunruhigend. Würde ein Passant zur Hilfe eilen, ich würde sagen: *Schon gut, es ist halb so wild, in ein paar Minuten ist alles wieder in Ordnung. Bitte lassen Sie mich einfach liegen. Bitte gehen Sie weiter. Bald werde ich wieder Luft bekommen.* Und so war es auch. Nun, ein paar Tage später, ist meine Atmung noch immer eingeschränkt, ein Drücken in meinem Brustkorb, nicht unangenehm. Ich atme also vorsichtig in andere Bereiche meiner Lunge, hinab in meinen Bauch. Ich blähe den Bauch wie eine Blase und das gelingt nur, weil ich die Muskulatur weich lassen muss, wo sie zuvor angespannt war. *Wie lange schon?* In dieser Peinlichkeit auch noch mit einer Erkenntnis beschenkt zu sein, es erheitert mich zudem.

Und darum laufe!

Wirksamkeit

WIRKSAMKEIT – eine schöne Sache. OHNE GEDANKEN – das Himmelreich.

Und darum laufe!

Still

Es ist nicht so, dass die Dinge nicht fortwährend gesprochen hätten, sich offenbart hätten, sich zugeneigt hätten, um ihr Wesen zu offenbaren. Doch ich war nicht still. Den Dingen gegenüber still zu werden, bedeutet, sich zu öffnen und die Wahrnehmung setzt ein. Das Feine, das so leicht Vertriebene, das, was so schnell schweigt, es ist nun zu hören. *Lausche!* Für einen Moment offenbart sich die Schönheit, denn ich selbst bin schön geworden in der inneren Stille. Ich bin anwesend, ohne Werden oder Vergehen. Ergeben und leer. Darin bin ich frei, um die Freiheit der Bäume zu verstehen. Darin schön, um die Schönheit des Wassers zu verstehen. Darin groß, um die Größe des Käfers mit seinen glänzenden Flügeln zu verstehen. Darin scheu, um den Blick des vorbeilaufenden Tieres zu verstehen. Um überhaupt zu verstehen, so sehr, dass ich im folgenden Moment meinen werde, ich träumte. So oft und immer wieder: *Ich träumte wohl!* Der Traum war ein in Geborgenheit und Sanftheit sich offenbarender Traum der Schönheit. Ein Traum der Schönheit, die all die Irritation, die Angst und den Schmerz nur deshalb benötigte, um sich zu zeigen. Um zu zeigen, dass dieser Traum die eigentliche Wahrheit ist. Die Verbundenheit von ALLEM MIT ALLEM als die eigentliche Wahrheit. Die Wahrheit, die mich so leicht wieder in den Traum meines Seins entlässt. In den Traum, in dem ich meine, mich mühen zu müssen. In dem ich meine, mich ängstigen zu müssen. In dem ich meine, mich eilen zu müssen. In dem ich meine, mich fremd fühlen zu müssen. Doch diese Erfahrung ist wahr, ebenso wie jene. Die aus der Stille entspringende Erfahrung belegt sich mit den vielen Wundern, die sich ereignen, die mich begleiten und die ich wieder loslasse und vergesse. Es sind immer Wunder der Begegnung. Es sind Wunder, in denen alles spricht, alles wahr ist und mein Wissen von der Wahrheit umfassend ist. Und es ist so einfach, dass ich mich stets wieder daran erinnern mag: *Ich erschaffe in mir die Schönheit, werde schön und empfange daraufhin die Schönheit der Welt, die sich nun mir zuneigt.* Die Schönheit, die nur darauf gewartet hat, dass ich endlich komme, um sie anzusehen und zu lauschen. Es ist nicht von der Hand zu weisen, dass dieser Traum wiederkehrt. Es ist nicht von der Hand zu weisen, dass in den Traum einzutauchen ganz leicht gelingt und dann über Wochen und Monate nicht mehr. Es ist nicht von der Hand zu weisen, dass es meiner freien Entscheidung obliegt, in mir alles so zu bereiten, dass ich in diesen Traum eintauchen kann. Es ist nicht von der Hand zu weisen, dass ich mich nicht in dem Traum verlieren muss und dass zu träumen keine Flucht darstellen muss. Ebenso wenig ist von der Hand zu weisen, dass die Wüste meines Seins mich austrocknet und in ihrer Gewalt mich zwingen will. *Nichts ist von der Hand zu weisen.* Auch und zuletzt nicht die Souveränität, in der ich hier stehe und laufe.

Und darum laufe!

Gedankengebäude

Die Forschung, die ich betreibe, ergibt: *Laufe ich schnell, in Geschwindigkeiten von 6 Minuten pro Kilometer oder sogar 5:50 Minuten pro Kilometer, so versorgt mich das Laufen mit Gedanken, die Blitzen ähneln. Sie erscheinen aus dem Nichts, treffend, klar und prägnant. Laufe ich hingegen etwas langsamer, so um die 7 Minuten pro Kilometer oder auch 8 Minuten pro Kilometer, so sind die Gedanken eher Gebäuden vergleichbar. Etwas baut aufeinander auf. Etwas ist in der Tiefe ausformuliert. Die Gedanken ähneln Verfassungen, Regelwerken, Visionen von großer Komplexität.* Doch ganz gleich, wie schnell ich laufe, wie das Wesen der Gedanken auch sein mag, dem Ganzen liegt eine Bejahung zugrunde. Sie ist das Fundament.

Und darum laufe!

Die Abkürzung

Ich gewähre mir selbst, mich selbst zu überholen. Dies, nachdem ich mir mithilfe einer Abkürzung einen Vorsprung vor mir selbst verschaffte. Ein Vorsprung, den ich nun langsam wieder hergebe. Eine Abkürzung zu nehmen, um in gleicher Geschwindigkeit weiterzulaufen? Ich sage: *Es ist völlig falsch!* Die Abkürzung ist kein Betrug in einem Wettlauf. Was zu gewinnen war, ist doch bereits gewonnen, was zu verlieren war, es ist verloren. Die Abkürzung ist ein Portal in eine Sphäre. Eine Sphäre, die ich beschreiben kann mit Begriffen, doch erfassen kann ich sie nicht. In ihr lächele ich mir selbst zu. Sie ist die Sphäre des Verharrens, des Gewährens, des Empfangens. Sie ist die Sphäre der Anwesenheit, des Seins. *Also nehme ich die Abkürzung, werde langsam und warte auf mich selbst.*

Und darum laufe!

Schienen

Ich laufe wie auf Schienen. Schnell, fliegend. Ich schnaufe und atme rhythmisch. Ich atme tief. Blätter auf dem schwarzen Boden. Gelbe Flecken. Ein Teppich aus Ahorn, Eiche, Linde, Erle. Die Formen rasen durch mich hindurch. Eine Freude, ein Spiel. Die Zeit sich offenbart, DIE GROSSE ZERSETZERIN.

Und darum laufe!

Das Aufbegehrende

Immer dann, wenn ich aus der SACHE-AN-SICH etwas Allgemeines machen will, wenn ich verallgemeinere, um etwas zu behaupten, um zu beanspruchen, etwas sei richtig, wahr oder wertvoll, wertvoller als etwas anderes, immer dann beschenkt mich das Sein mit einem Schlag und dem, was wir genau oder übertragen einen Unfall nennen. Das Sein ist viel eigenwilliger, als ich dachte und wohl immer noch, trotz Schlag und Unfall, denke und denken werde. Es ist das Sein, also es scheint nicht nur so, vollkommen informiert über Motivation, Urgrund und die Absichten, die in eine Selbsterhöhung münden sollen, wie auch immer verschleiert. Das gefällt dem Sein überhaupt nicht. So sanft es auch zuweilen sein kann, so unerbittlich und hart ist der Schlag, der mich trifft, mich immer dann treffen wird, wenn ich wieder vergesse und mich selbst blende. Eine Lehre daraus, aus irgendetwas, machen zu wollen, das gefällt dem Sein überhaupt nicht. Das Laufen zu mehr werden zu lassen als der SACHE-AN-SICH, das ist der Moment der Verirrung bereits. Das alles also, was von dem Ausspielen des Raumes gegen die Zeit spricht, von Techniken der Atmung, der Belastung, von Teilen meiner Füße, von dem Blick auf die Füße oder in die Ferne beim Laufen, das alles ist ein riesengroßer Irrtum an sich, der sich einer riesengroßen Reaktion des Seins entgegenneigt. Doch es gibt etwas, welches das Sein besänftigt. Das EINE ist, kindlich, geradezu naiv zu denken. Mich an dem Denken zu erfreuen. Es ist die reine Freude an der Erkenntnis, die deshalb nicht verschwiegen sein muss, also mitgeteilt werden darf. Hier sagt das Sein: *Na gut, lass ihn gewähren, mal sehen, wie lang er dieses Spiel noch treiben mag, ob die Freude gewahrt ist, ob das Spiel auf die Spitze getrieben wird, ohne die Reinheit des Kindes aufzugeben. Die Zeit sei ihm geschenkt, wenn es das ist, worin er glaubt, sich zu verwirklichen. Und wenn er zugleich glaubt, sich aufzulösen in etwas Darüberliegendes, welches ihm nicht vorzuwerfen ist.* Das kindlich Reine also. Das ANDERE, welches behütet, es ist, ohne Zorn zu sein, auch in der Zukunft. Sich also über Misserfolg, Unfall oder Niederlage nicht zu erregen. Alles zu nehmen als einen Hinweis, als Herausforderung an die Weichheit, an die Fähigkeit, sich zu wandeln. Einverleibend zu sein, in einem warmen Sinne annehmend zu sein. Das gefällt dem Sein und mir wird alles zu Erfahrung, Geschenk und Gewinn. Nichts ist selbstverständlich und im Grunde ist alles gleich. Dass ich aufbegehre, es ist wohl so. Vielleicht ist es urmenschlich.

Von dem Aufbegehren zu lassen, es würde ein Besänftigendes erübrigen.

Und darum laufe!

Menschen

Ich verneige mich vor den Menschen, die ohne die Mühsal einer Bewegung dort sind, wohin ich mich mühe, zu gelangen. Sie ruhen dort. Sie verweilen auf dem scharf geschliffenen Papierstahl, der zwischen dem EINEN und dem ANDEREN scheidet. Sie verleiben sich ALLES ein, vereinen es, sodass DIESES und JENES sich erweitern. Sodass DIESES und JENES unendlich weit hinaus gehen über einen Begriff von DIESEM und JENEM. *Ich hingegen muss laufen.* Dafür bin ich hergekommen, genau das zu erfahren. *Und ich laufe.* Vieles ist bereits erfahren und ich ahne von vielem, was noch nicht erfahren ist. Die Grenze ist VIEL-HUNDERT MAL verschoben, hinausgeschoben. Es gibt noch Vieles jenseits dieser Grenze. Ich weiß darum. *Es geht darum, alles zu erfahren, alles zu empfinden, alles zu erkennen. Das ist die Haltung, in der ich existiere.*

Und darum laufe!

Heimlich

Im Dunkel der Nacht, im Lichte meiner Heimlichkeit hebe ich meinen Kopf, strecke meinen Rücken und richte mich auf. Meine Nasenlöcher weisen voraus, mein Brustkorb ist angehoben. Ich laufe so, als wollte ich mir imponieren. Ich biete mir selbst einen Anblick, der größer ist, als ich es bin. Ich fülle meinen Brustkorb bis zum Äußersten und spanne meine Arme weit auf, als wollte ich fliegen. *Ich bin ein Gladiator meiner selbst.* Ich laufe in hohen Sprüngen, federnd, fliegend geradezu. Ich imponiere nur mir. Mir selbst, niemand anderem. Ich bin in diesem Moment der Held, der zu sein mir vorstellbar ist. Und ich bin es so sehr, dass aus dieser Vorstellung heraus die Kraft in meine Körperlichkeit hinein projiziert ist. *Und darin wird sie wahr.*

Und darum laufe!

Nicht

NICHTS BEGEHREN, es wiegt nicht so leicht, wie NICHT BEGEHREN.

Und darum laufe!

Geschenk

Ein kühler Morgen. Licht strömt in mich ein. Ich atme es wieder aus. Über meine Lungen, Luftröhre, Nasenhöhle, Nase und schließlich die Nasenöffnung. Es ist das Licht des Waldes. Feucht, gesättigt, dampfend und schwer. Ich bleibe stehen auf einer Lichtung und neige mich dem Licht entgegen. Mein Gesicht ist kalt. Ich reibe meine Hände, bis sie warm werden und lege die Handinnenflächen auf meine Augen. Jetzt öffne ich meine Augen und blicke in meine Handinnenflächen. Ich blicke in das Dunkel. Ich blicke in die Abgeschirmtheit und darüber hinaus direkt in das Licht der Sonne. In ihren Kern, ihre Ausdehnung, das züngelnde Spiel ihrer Eruptionen, in ihr WESEN. Teilchen des Sonnenwindes beobachte ich, wie sie in mich eindringen. Wellen, die mich umspielen, mich umfassen. *Ein Geschenk, so denke ich. Nimm es an!*

Und darum laufe!

Lichtspuren

Ein Lichtstrahl biegt sich an der Innenkante meiner Nasenöffnung und ich sauge den einen Strahl in mich ein. Millionen anderer Strahlen begleiten und folgen sanft und Nasenhaare wie Borsten am Naseneingang verflechten den Lichtstrahl in ihrem Gestrüpp. Feinere Nasenhaare, etwas tiefer im Naseninneren spalten sanft den Strahl und sein Gefolge in Teilchen, die wirbeln und pulsieren. Das Wolkengebilde aus Teilchen gleitet in meinem Inneren hinab durch die Luftröhre und die Wand der Luftröhre wird von den mit Sauerstoff angereicherten Lichtteilchen erleuchtet. Pulsierendes Leuchten durchdringt mein Inneres auf dem Weg in die Lunge. *Bläschen empfangen, Tropfen fallen, Nektar entsteht.* Einatmung kommt zur Ruhe im Moment der größten Ausdehnung. Elastizität in allen Straßen, auf allen Wegen. *Gähnen kommt zur Hilfe. Gähnen eilt herbei, tief, tiefer noch und Ausatmung beginnt.* Das Licht leuchtet hell in mich hinein und aus mir heraus. Kein Schatten weit und breit. Die Fußnägel selbst leuchten, als wäre unter ihnen ein Fahrradlämpchen installiert. Ein warmes Licht. Auch hier pulsierend. Die nackten Füße vor der schwarzen Erde fliegen durch die Dunkelheit. *So schnell und gewandt.* Lichtspuren im Dunkel der Nacht.

Und darum laufe!

Blüte

Wenn es so ist, dass in dem Blühen ein Mensch sich ganz geborgen fühlt, wirklich, voller Kraft und nun läuft, als seien das Sein und das Laufen völlig eins und der Mensch in Übereinstimmung mit seinem Selbst, seiner Seele. Wenn also alles strahlt und Raum und Zeit ineinanderfließen, wirklich und wahr, so bleibt doch ein Gedanke, der gerade jetzt in der höchsten Blüte denkbar ist. Dieser Gedanke drängt sich nicht auf, er lauert eher. Er hält sich auf in dem Raum aller möglichen Gedanken und lässt vielen anderen Gedanken den Vorrang. Doch sanft ruft er sich selbst in Erinnerung, ist er doch von erhabener Größe in seinem Schrecken. *Er ist, dass vielleicht dem* WIRKLICHEN *in seiner Blüte einmal ein höheres Maß an* WIRKLICHKEIT *gelingen mag in seinem Vergehen.* Dass überhaupt noch etwas Höheres existiert als dieses Blühen. Dass ein Selbst, welches sich hier feiert, sich tiefer noch kennenlernen wird in seinem Verfall. In seinem Schmerz, in seiner Niederlage, in seinem Verlust, dem NICHT-MEHR-KÖNNEN, der Ermüdung, der Erschöpfung, dem Siechtum. Dort ja, in der Ermüdung, ein Maß an Wahrheit, zuvor ungesehen, ungespürt. *Das bin ich!* Es ruft mit ersterbender Stimme: *Das wirklich, das bin ich!*

Und darum laufe!

Vertrauen

Durch das dichte Blätterdach am feuchten Morgen dringt ein Sonnenstrahl hinab auf meine Hand. Im Augenwinkel, fein, sehe ich den Streifen hinauf zur Sonne sich ziehen. *Er entspinnt sich von dort oben, wie der silbrige Faden einer Weltenspinne und ich erahne Millionen, Milliarden von goldenen Strahlen in diesem einen Strahl verborgen.* Gebündelt, gewunden, Strahl und Teilchen, Welle und Element. *Ich kann nur vertrauen, mehr nicht.*

Und darum laufe!

Blei

In mir eine innere Sesshaftigkeit, die ihre Sorgen selbst gebiert. Eine Sesshaftigkeit des Geistes, duldsam und erwartend, bleiern und passiv. Sie ist reine Sorge. Sorge ohne Licht. Laufe ich, schon 1000 Mal, auf meinem Weg, so ist dies Licht ohne Sorge, reines Licht. Ein Zustand, Ideal und frei. Herausgehoben aus dem starren Blei der Sesshaftigkeit. *Der Sesshaftigkeit Sorge ist, in die Bewegung zu gelangen.* Ist doch genau das der Sorge Erlösung, das Ende der Furcht. Und so bin ich beides, sesshaft und laufend. Um nun zu lernen, das Blei aus mir herausfließen zu lassen, es herausströmen zu lassen, einem gewaltigen Wasserfall gleich das Blei von Jahren aus mir herausstömen zu lassen. Es rauscht hinab, in Kaskaden es sich bricht, schäumt, tost und braust. *Welch ein Spektakel!* Dem Ozean entgegen.

Und darum laufe!

Ein Volkslauf

Stoßt mich nicht aus. Lasst mich bei euch sein. Lasst mich nicht zurück. Lasst mich zu euch finden. Die Luft der Höhe, durch die ich mit euch laufe, eure Nähe, um die ich mich mühe. Lasst mich nicht fallen, bewahrt mich vor dem Sturz. Gewährt mir die Offenheit eurer Herzen. Gebt mir ein bisschen Raum auf dem steinigen Weg in die Höhe, auf dem wir uns drängeln. Zu euch wollte ich finden, zu euch, die ihr lauft, die ihr in Bewegung seid, die ihr euch aufgemacht habt, die ihr euch diesen Freiraum gewährt. *Euch verstehen, am Anfang und am Ende, kann ich nicht.* Doch hier mittendrin, hier, wo wir essenziell sind, wo keine Kultur uns verzerrt, uns zu Handlungen hinreißt, hier will ich bei euch sein.

Und darum laufe!

Die Sonne

Durch den kühlen Morgen laufe ich in einer Gruppe. Die Menschen sind mir fremd, und doch sind wir miteinander verbunden im Rhythmus des Laufes. *Warum nur schweigen wir?* Dies ist doch ein frei gewählter Lauf, dies ist doch der Moment des Genusses. Der Aufstieg hierher, er war doch schwer genug. *Die Zeit ist doch am Ende nicht so wichtig, als dass wir schweigen müssten?* Milchiges Licht im Hochnebel,

Tannengrün. Kurz zuvor rief uns ein Mann am Wegesrand zu: *Bald kommt die Sonne, Ihr seid auf dem richtigen Weg, dort oben auf dem Gipfel, dort scheint die Sonne!* Und wir schweigen. *Wie unnatürlich,* denke ich. Am Gipfel angelangt, rufe ich in unsere Gruppe hinein, sodass wir alle es hören können in dem Ton der naiven Freude: *Wo ist denn nun die Sonne?* So, als hätte ich, als hätten alle dem Mann, der sie versprach, glauben können, glauben müssen. So, als wären wir nie jemals enttäuscht gewesen von einem versprechen, welches ein Mensch uns einmal gegeben hat. Ein Versprechen, um uns anzuspornen, uns zum Weiterlaufen zu bewegen. Ein weiterer Moment des Schweigens, ein paar Schritte mehr und dann sagt die neben mir laufende Frau: *Die Sonne, das bist Du!* Und ich bin wie energetisiert von ihren Worten. Ich lächele in Dankbarkeit. Ein wenig verlegen auch, doch wir als Gruppe, wir sind mit einem Mal miteinander vertraut. Wir sind geborgen in der Konstellation, die uns hier einen Moment lang trägt. Die Konstellation, die wir dann auch bald wieder verlassen können. Und so denke ich ein wenig später, dass ich versäumt habe, ihr etwas zu erwidern.

Und darum laufe!

Licht

Die Dämmerung setzt ein. Ein Lauf am frühen Morgen. Aus der Nacht heraus laufe ich in den aufgehenden Tag hinein. Halb nur bin ich wach. Schlaftrunken laufe ich wie von allein. Ich erinnere einen Traum, den ich in der letzten Nacht geträumt habe. Bilder und Symbole erscheinen vor meinem inneren Auge. Ich denke über die Bilder nach und gelange zu einer Deutung, die mir schlüssig erscheint. Eine Deutung, die Bilder, Gefühle und Vorgänge zu einer Gestalt zusammenführt. Immer soll die Gestalt geschlossen sein, möglichst eindeutig und ohne Widerspruch. Meine Deutung verbindet den Traum mit Ereignissen und Begebenheiten aus meinem Leben. Beziehungen, Gefühle, Begebenheiten. Dabei ist es immer so, dass mich eine innere Berührtheit ergreift. Nur wenn ich berührt bin, gehe ich einer möglichen Deutung nach. Nur wenn ich berührt bin, messe ich der Deutung eine Wahrheit bei. Viele ganz andersartige Deutungen sind vorstellbar. Doch ich weiß ganz genau, was für mich wahr ist und was nicht. Mal ist die Deutung bestätigend, ein anderes Mal ist sie eine Art Spiegelbild, welches mir bisher Ungesehenes vor Augen führt. Ganz sicher sinken in dem Meer an Wahrheit die mich nicht berührenden Bilder in ihrer Bedeutungslosigkeit zum Meeresgrund hinab. Ich lasse sie los, ohne Reue, ohne Bedenken. *Was von Bedeutung ist, es ist licht, hell und aufsteigend und schwer zugleich.*

Und darum laufe!

Schönheit

Der eine Traum also, nun vor mir schwebend, ist er doch vor einer Weile bereits von mir geträumt. Und nun gesellt sich zu ihm eine Frage, ebenso vor mir schwebend in dem Raum, in den hinein ich nun gerade laufe: *Was wäre, wäre ein jeder von mir jemals geträumte Traum, so wie der der letzten Nacht über Zeit und Raum hinweg erinnerbar? Was wäre, würde in einem von mir zu bereitenden mentalen Raum ein Traum eintreten können, den ich vor Jahren einmal geträumt habe? Ohne dabei in irgendeiner Weise verblasst zu sein? Was wäre, könnte ich diesen Vorrat, dieses Reservoir an Träumen beliebig hier hinein projizieren in diesen mentalen Raum?* Zudem: *Was wäre, könnte ich in diese Vielzahl an Träumen eingreifen und sie verändern, sie umschreiben, sie neu gestalten, in Schönheit?*

Und darum Laufe!

Zweifel

Der goldene Weg. Sein Erscheinen war von mir fast nicht bemerkt. Sand und Staub, Braun und Grau unter meinen Füßen sind gewandelt. Sand und Staub wandelten sich in feinen Schritten und Abstufungen, sodass ich den Kontrast erst jetzt in der Rückschau wahrnehme. Ja, deutlich erkenne ich nun: *Wo es zuvor Abzweigungen gab, Entscheidungen, Anstieg, Böschungen und abfallendes Terrain liegt nun unter mir ein goldener ebener Weg.* Der goldene Weg führt von hier aus in alle Richtungen und es gibt keinerlei Begrenzungen. Ich bin auf einer golden schimmernden Hochebene angekommen. Ein Raum ohne Begrenzungen, ohne wegweisende Merkmale, ohne interpretierbare Zeichen. Eine goldene Ebene, in der alles richtig ist, weit und ohne Ende. Etwas scheint erreicht. Etwas führte mich hierher in den Raum, in dem alles richtig ist, wahr und schön. Ein geborgener, mich bergender Raum. Könnte doch seine Offenheit ängstigen, mich zweifeln lassen. Und ich zweifle. Ich zweifele an dem nächsten Schritt. Warum nur dieser Zweifel? *Er ist, um stiller zu werden, leichter und feiner zu lauschen.* Er ist, um hineinzuspüren in das große Geheimnis. Und Worte sprudeln in mich hinab. Vertraute, mich vertrauen Lassende.

Und darum laufe!

Freie Menschen

Geborgenheit, Beachtung, Würdigung, Berührung, Zärtlichkeit, Mitgefühl, Selbstvertrauen, Weltvertrauen. So vieles, nach dem ich mich bedürftig fühlen kann. Vieles mehr, immerzu. Wenn ich laufe, so ist das ein Raum, der frei ist davon. Eine Spanne an Zeit, in der es keine Bedürftigkeit gibt. Ich bin ganz ich selbst. Verständlich mir selbst und ganz ohne Irrung. Ich begegne anderen, die mir entgegenkommen und sie sind ebenso wenig bedürftig, wie ich es bin. Frei sind sie. Freie Menschen. Und doch: *Das Leben ist das nicht.*

Und darum laufe!

Und so weiter

Ein Lauf hinein in das Tal der Bedürftigkeit. In ihm steht wie ein Nebel die von mir zu atmende Not. Ich laufe hindurch durch das Gift der Bedürftigkeit. Ich atme ein und wieder aus. Rührung erwartet mich am anderen Ende des Tales. Erschöpfte, erschöpfende Rührung, tief und ergeben. Eine sich nieder legende Erschöpfung, *doch eine Niederlage ist sie nicht.* Ein Ruhepunkt eher, von dem aus ich dann wieder weiter gehe in die nun folgende Bedürftigkeit. Hinab in das nächste Tal. Und dann in das darauf Folgende. Und dann in das wiederum Folgende. Und so weiter.

Und darum laufe!

Mit offenen Augen

Die Bäume rauschen. Ich beschreite den Rausch. Ein Rausch an Farben und Formen. Gelbe und grüne Blätter ausgelegt. Auch braune. Ich betrete Zerreichenteppiche, Buchenteppiche, Ahornteppiche, aus Blättern gewoben. Ausgelegt und fliegend zugleich im Sonnenlicht des Herbstes. Ausgelegt, meine Sinne zu täuschen, und es ist rauschhaft, hier hindurchzueilen mit dem sooft geübten, sich wie von selbst anbietenden, gesenkten Blick. Und ich erkenne anhand der Blattformen, wo ich mich auf meinem Weg befinde. Ich lese auf meiner Landkarte der Welt im Maßstab 1:1. Der Rausch ist so natürlich und so leicht beschritten, so wenig abgegrenzt, dass es mir kaum möglich scheint, zu differenzieren zwischen den Zuständen davor, danach und darin. Eingebettet ist alles und die Natürlichkeit des Rausches, sie wird ganz deutlich und klar. *Wieso nicht den Rausch als die eigentliche Form betrachten?* Ist sie doch nur durch ein wenig Bewegung und die Fokussierung bewirkt. Ohne Substanzen, ohne Droge. Eindrücke genügen, Sinneswahrnehmungen, das Spiel von Licht und Schatten, die im Herbstleuchten sich auflösende räumliche Tiefe. Alles scheint nah, geradezu wattiert und ohne Hall. Das Rascheln meiner Füße in dem Laubgeschiebe, nah, dumpf, taub, ganz ohne Hall. Und der sooft geübte, sich wie von selbst anbietende gesenkte Blick ist nicht nur im Lauf, sondern auch im Moment davor. Auch davor ist schon alles Rausch. Rausch ist im erwartenden Innehalten, im unterkomplex tätigen, in dem monoton rhythmischen, in dem sich an sich selbst erregenden Strom an Worten. Rausch ist in dem Offenbarenden an Ton, Wort, Melodie. Rausch ist in Geste, Mimik, Tanz, Bewegung, in der Abfolge und in der Komposition. Rausch ist in dem, was ich bin, ohne davon zu wissen. Rausch ist in der Ahnungslosigkeit. Der sich wie von selbst anbietende gesenkte Blick, sooft geübt, er neigt sich hinein in mein Leben, in noch so kleine Brüche, Pausen, Stockungen. Er neigt sich in die Umwege und in die Wege überhaupt. Und so ist mir dieser gesenkte Blick mittlerweile ein Phänomen der offenen Augen, des bedacht Blickens, des Entzifferns und des Beachtens, des Aufmerkens, des in der Aufmerksamkeit Verharrens. Immer öfter, alles Rausch und im Entzug dann Depression.

Und darum laufe!

Sucht

Warum läufst Du? Eine Stimme in mir klingt. Und ich antworte dieser Stimme unmittelbar: *Ich laufe, weil ich süchtig bin. Ich bin ein Süchtiger, ein Abhängiger!* Durch das Laufen gebe ich mich hin und erlange zugleich ein wenig Kontrolle über meine Sucht. Ich erlange Zugriff und kann das Drängen der Sucht für eine Weile mildern. Ich bin süchtig nach Beziehungen zu Menschen, nach Begegnungen, nach Geborgenheit, süchtig nach der Abhängigkeit von Menschen. *Ich bin abhängig von der Abhängigkeit.* Das Laufen selbst ist eine vorgelagerte Form. Es ist eine Form, in die die

Sucht hineinzuflechten mir gelingt. Sodass sie mich nicht überwältigt. Es ist eine Form, mich zu distanzieren. Es ist eine Form, in die Ausgewogenheit zurückzufinden. Irgendwo, irgendwann ging die Ausgewogenheit verloren. Und ich laufe dabei, um einmal nicht mehr laufen zu müssen in dieser Bedingtheit. Ich laufe für den Moment der Freiheit, der ist, aus der Fülle der freien Wahl heraus, mich für das Laufen zu entscheiden. Mich für etwas zu entscheiden, als Ausdruck meiner Freiheit.

Und darum laufe!

Freiheit

Was nützt es, den Kuckuck zu töten, nur weil einmal jemand sagte, er wäre ein Bote des Todes? Die Welt wäre ärmer um ein Wesen, wir wären zu Tätern geworden, in Schuld verstrickt. Die Angst vor dem Tod, sie müsste hinab sinken in das Schattenreich ohne einen Boten, der uns mahnen würde, hinzusehen. Sie anzusehen, die Angst vor dem Tod und den Tod selbst. Die Magie wäre verneint und Sinn und Zusammenhang wären verloren. Mir ist der Ruf des Kuckucks eine Freude. *Sein Ruf ist mir eine Erinnerung an die Freiheit und darin eine Erinnerung an meine Angst vor der Freiheit.* Auch meine Angst, eine Freude.

Und darum laufe!

Gezwungen

Dort, wo es keinen Raum mehr gibt, in den hinein ich mich verströmen kann, wo es keine Möglichkeit, keinen Weg mehr gibt, dort transzendiere ich mich selbst. Es ist das stehende Gewässer, dessen Niveau sich völlig dem Terrain angeglichen hat. Nun also erkenne ich: *Es war schon immer so, ich war nur noch nicht bereit, das anzusehen und es anzunehmen.* Ich versickere also und zugleich verdunste ich, sodass nur noch an des Gewässers Rand Spuren verbleiben, die von dem vergangenen Niveau zeugen und von der Unreinheit des Wassers. Ringe um das Spiegelnde der Oberfläche herum gelegt, die sich in dem Absinken und dem gleichzeitigen Aufsteigen kristallisieren. Ringe, die die Zeitspanne der Auflösung dokumentieren. Spuren von dem, was in Ihrem Zentrum einmal war, Spuren von dem Meer, welches mich bezeichnete. Spuren nur. Dies mag traurig erscheinen und doch ist es der Weg. *Sich zu ergießen in aller Kraft, sich zu sammeln in der vorherbestimmten Form, der Landschaft der Seele und sich zu transzendieren, zu versickern und zu verdunsten.* Welch Schönheit darin.

Und darum laufe!

Langsame Läufe

Langsame Läufe, kleine Schritte. In ihnen sammele ich Kraft für den bald folgenden Lauf. Ist es ein Geheimnis, langsam zu laufen? *Nein.* Ich erinnere, von den langsamen Läufern gelesen zu haben. Sie bereiten sich vor. Sie bündeln ihre Kraft.

Und darum laufe!

Der wichtigste Lauf

Ich denke darüber nach, was an dem Laufen von Bedeutung ist: *Was ist das wahrhaft Bedeutende an der Sache, die mich trägt über Jahre hinweg?* Und darin: *Gibt es einen herausstechenden Moment, der in seiner Bedeutung all die anderen überragt? Gibt es einen Lauf, der wichtiger war als all die anderen? Gibt es einen Lauf, der der wichtigste überhaupt war?* Und eine Frau kommt mir entgegen, sie läuft behutsam, leis und sanft, ganz verinnerlicht, so als wäre sie heute erst von einer schweren Krankheit genesen und das erste Mal wieder im Wald auf ihrem Weg. Ein Geist des Waldes geradezu. Und all die Vorstellungen von Besonderem, von Außergewöhnlichem, außergewöhnlich an Ort, an Bedingung, an Zeit und Raum, all die Situationen, in denen ein Wettkampf inszeniert war, eine Reise mir besondere Erfahrungen verschaffte, eine innere Kraft mir erlaubte, mich in einen Rausch zu begeben, all das verblasst vor dem einen Moment, der wahrhaft bedeutend ist. Es ist der Moment, in dem der Mensch, der durch die Krankheit auf die Erde niedergeworfen war, nun so weit genesen ist, dass er sich zutraut, sich zu erheben. *Und der Mensch erhebt sich!* Er kleidet sich und er läuft los. Darin strahlt die Kraft der Bejahung aus der Niedergeworfenheit heraus. Ein einfaches Ja zu allem, was ist. Ein Ja zur Bedingtheit, zu dem unlösbaren Rätsel des Seins, zur Krankheit, zu dem Blühen und dem Vergehen, zu dem steten Wechsel der Zeiten, zur Veränderung und dem Wandel. *Oft bin ich krank gewesen und wieder genesen. Und irgendwann bin ich wohl wieder aufgestanden.*

Und darum laufe!

Eine Kontur von einem Raum

Was ist das Selbst und sein Selbstverständliches an Handlung, an Gedanke, an Inspiration in dem einen sich als entscheidend darstellenden Moment? Wenn also der Raum offen ist für dieses oder ein anderes Sein, definiert durch dieses oder ein anderes Erkennen, welches in eine Äußerung mündet, in eine Handlung? *Was es nicht ist, zu verneinen, kann ein Weg sein.* Ein ängstlicher, ein dem geängstigten Menschen möglicher Weg. Ein Weg, der den Raum des Möglichen verkleinert. Ein Ausschlussverfahren: *Dieses alles lehne ich ab, diesen Weg nehme ich nicht!* Ich staune über mich selbst. So vieles habe ich von mir geglaubt, um es nach und nach zu verneinen. Was übrig bleibt, ist eine KONTUR VON EINEM RAUM, der Raum selbst bleibt mir weiterhin unsichtbar. Dass das ICH dort anzuvisieren ist, es beruhigt mich. Zudem gewöhne ich mich daran, dass es auch schön sein kann, ein Rätsel nicht aufzulösen, dass es ein Rätsel bleiben kann. Doch an den Rändern bleibe ich klar: *keinen Schritt auf den jenseitigen Wegen, keine Handbreit, keinen Zentimeter.*

Und darum laufe!

Hingeben

Das Risiko zu vermeiden, eine Gefahr zu vermeiden, ihr aus dem Weg zu gehen, alles so einzurichten, dass genau dieses nicht eintritt – es führt herbei. Die Verneinung beschäftigt sich mit dem, was die große Furcht ist und immer ist sie ein tiefes, innerliches Fest der Verbindung mit dem Albtraum, mit dem, was zu vermeiden ist. *Die Verbindung – sie führt herbei.* Einem Anderen zu folgen, der neben und dann leicht vor mir läuft, seinen Weg zu nehmen, es ist mir in dem Urwald als unerfahrenem Menschen notwendig, um zu überleben, und doch – *es führt herbei.* Das Reich der Tiefe lässt sich nicht durch Befolgung, durch Gehorsam und Unterordnung besänftigen. Das Reich der Tiefe, es findet seinen Weg zu mir, in mein Herz und es wird sich manifestieren, in genau dem, was ich befürchte. Kein Wunder, denn es kommt von mir. Es sind die von mir in meine Seele projizierten Visionen des Abgrundes. *Die Furcht – sie führt herbei!* Irgendwann lass ich den, der vor mir läuft davonziehen auf seinem Weg und schlage meinen eigenen ein. Nur dort erfähre ich etwas von mir. Nur dort werde ich meine Angst ansehen, sie besänftigen und auflösen können. Nur dort werden meine Masten brechen und meine tausend Segel zerreißen. Es geht darum mein Segelschiff zu vermählen mit dem Wind, es hinzugeben.

Und darum laufe!

Die Festung

Ich näherte mich an, lief um einen Ort herum. Ein Ort wie eine Festung. Abgeriegelt, umgeben von Mauern. Lief herum, ohne Einlass zu erhalten. Studierte die Struktur der Mauern, den mit Wasser gefüllten Graben. Studierte Gesteinsarten, Mörtel und Zement mit dem die Mauern errichtet waren. All dies, soweit es für mich von außen ersichtlich war. Ich studierte die Ausrichtung des Gebäudes, seinen möglichen Zweck, seine Geschichte. Die Zinnen seiner Mauern und all das andere, welches mir irgendwie Aufschluss geben konnte über das, was im Inneren wohl vor sich gehen mochte. Und nie erhielt ich Einlass. Über Jahre nicht, sodass ich bereit war aufzugeben, bereit war, es sein zu lassen. Ich war bereit, fortzugehen und mich zu verlieren. Kleine Fortschritte in dem Studium der Festung halfen mir, nicht abzulassen von der Umkreisung. Der Fleiß und die Disziplin gingen den Fortschritten voraus. Die Schönheit der Mauern, die Schönheit des DRAUSSEN-SEINS, die Stille, die sich einstellende Zufriedenheit, das Schauen, all das ließ mich vertrauen und ausharren. Und dann der Einbruch der Erkenntnis in mein Sein! Die Erkenntnis, die es überflüssig machte weiter vorzudringen auf dieses wehrhafte Gebäude. Auf diesen abgeschlossenen Ort. Wie ein Lichtstreif am Horizont nach einer langen Nacht. Und mir war in diesem Moment vollkommen klar: *Die Festung, das bin ich!*

Und darum laufe!

April 2020 — Januar 2023
www.darumlaufe.net